NRA CET - Intermediate Pass

सामान्य हिन्दी

नवीनतम संस्करण
अभ्यास किट

17 टेस्ट्स
17 विषयानुसार टेस्ट्स

विषय से संबन्धित पाठ प्रश्नो के साथ

✓ पूर्णतः संशोधित और अद्यतन

✓ सभी बहुविकल्पीय प्रश्नो का विस्तृत विश्लेषण

शीर्षक : NRA CET – Intermediate Pass सामान्य हिन्दी

लेखक का नाम : Mr. Rohit Manglik

प्रकाशक : EduGorilla Community Pvt. Ltd.

प्रकाशक का पता : 12/651 प्रथम तल, अरविन्दो पार्क के सामने, निकट जामा मस्जिद, इंदिरा नगर लखनऊ, उत्तर प्रदेश, 226016, भारत।

कॉपीराइट EduGorilla

ISBN : 978-93-55562-31-9

प्रथम संस्करण

अस्वीकरण EduGorilla

Compiled and created by EduGorilla Community Pvt. Ltd

EduGorilla Community Pvt. Ltd. द्वारा मुद्रित

रोहित मांगलिक
सीईओ, EduGorilla

प्रिय छात्रों,

एक बहुत ही प्रचलित कहावत है कि "सफलता उन्हीं को मिलती है जो उसके लिए कड़ी मेहनत करते हैं।" लेकिन मैंने लोगों को उनकी परीक्षाओं के लिए दिन-रात एक करके मेहनत करते हुए देखा है, पर फिर भी वे सफल नहीं हो पाते। तो वहीं दूसरी ओर, कुछ लोग बस आधी मेहनत करके परीक्षा में सफलता प्राप्त करते हैं। तो, क्या वे किस्मत वाले हैं? नहीं मेरा मानना है, कि ऐसा इसलिए है क्योंकि वे सिर्फ कड़ी नहीं बल्कि कुशल तरीके से अपनी तैयारी करते हैं। इसी तरह आपको भी अपनी परीक्षाओं की तैयारी के लिए अपनी योजना बनानी चाहिए, ताकि आपकी भी सफलता की संभावना बढ़ सके। तो तैयार हो जाइये EduGorilla के साथ अपनी परीक्षा में चयन होने की संभावना को 16 गुना बढ़ाने के लिए।

EduGorilla आपको न केवल कड़ी मेहनत करने में मदद करता है, बल्कि एक स्मार्ट और योजनाबद्ध तरीके से तैयारी करने में भी सहायता प्रदान करता है। EduGorilla की तैयारी पैकेज के साथ आप अपने परीक्षा में चयन होने के रास्ते को सहज और मनोरंजक बना सकते हैं। अपनी तैयारी के लिए सही रास्ता खोजना मुश्किल हो सकता है, यदि आप ये नहीं जानते कि आपको किस दिशा में जाना है। चिंता न करें हम आपके साथ खड़े हैं! EduGorilla आपकी सफलता में आपका मार्गदर्शक बनेगा। हमारे तैयारी पैकेज के साथ आप रणनीतिक रूप से तैयारी कर, अपनी परीक्षा में सिर्फ एक ही प्रयास में सफल हो सकते हैं।

EduGorilla के तैयारी पैकेज में शामिल हैं-

- टेस्ट सीरीज़
- किताबें

हमारे तैयारी पैकेज को सभी तरह के नये बदलवों, विशेषज्ञों की राय एवं छात्रों के प्रतिक्रिया के अनुसार तैयार किया गया है। जो आपको परीक्षा के प्रत्येक चरण की चयन प्रक्रिया को पार करने के योग्य बनाता है।

हमारी किताबें शिक्षकों और विशेषज्ञों द्वारा आपकी परीक्षा के लिए तैयार की गई हैं, 150+ वर्षों के अनुभव के साथ; ताकि आपको आसान, कुशल और प्रभावी शिक्षण प्रदान किया जा सके। हमारी स्मार्ट किताबें न सिर्फ आपको प्रश्नों के उत्तर देने की समझ देती हैं, अपितु आपके अभ्यास के लिए समान रूप के प्रश्न भी प्रदान करती हैं।

EduGorilla की सक्षम टेस्ट सीरीज आपको वास्तविक अनुभव और आत्मविश्वास प्रदान करती हैं, जिसके माध्यम से आप केवल एक प्रयास में अपनी ऑफलाइन अथवा ऑनलाइन परीक्षा पास कर सकते हैं। वर्तमान में हम 83,000+ मॉक टेस्ट्स और 1,440+ प्रतियोगी एवं शैक्षणिक परीक्षाओं की तैयारी कराते हैं।

अर्थात, EduGorilla आपकी तैयारी में आपकी सहायता करने का कोई भी मौका नहीं छोड़ता है और परीक्षा के सभी चरणों को कवर करता है, ताकि परीक्षा की तैयारी के लिए आपको कहीं और भटकना ना पड़े।

हम आपको डिफेन्स, बैंकिंग, टीचिंग और अन्य राष्ट्रीय एवं राज्य स्तरीय परीक्षाओं के लिए सम्पूर्ण तैयारी पैकेज प्रदान करते हैं। अतः इससे कोई फर्क नहीं पड़ता कि आप किस परीक्षा के लिए तैयारी कर रहे हैं, क्योंकि आप सफलता हासिल करेंगे।

आपको परीक्षा की शुभकामनाएं!

रोहित मांगलिक,
संस्थापक और मुख्य कार्यकारी अधिकारी, EduGorilla

प्रस्तावना

EduGorilla छात्रों को उनकी परीक्षा में सफल होने के लिए मार्गदर्शन प्रदान करता है। जिसको ध्यान में रखते हुए हमारे कुल 150+ वर्षों का अनुभव रखने वाले प्रतिष्ठित विशेषज्ञों ने कड़े प्रयासों के द्वारा "NRA CET - Intermediate Pass : सामान्य हिन्दी" को तैयार किया है। इस किताब के प्रश्नों को हाल ही में परीक्षा के पाठ्यक्रम और पैटर्न में हुए सभी बदलावों को ध्यान में रखकर बनाया गया है। वो प्रश्न जिनकी NRA CET 10th Pass परीक्षा में आने कि संभवना काफी प्रबल है, उनको इस किताब मे रखा गया है। आप EduGorilla की "NRA CET - Intermediate Pass : सामान्य हिन्दी" के माध्यम से अपनी सफलता की संभावना को 16 गुना बढ़ा सकते हैं।

EduGorilla ये अपनी संपूर्ण तैयारी पैकेज के माध्यम से साकार करता है। इस किट में आपको प्रश्न अच्छी तरह अवधारित एवं संरचित रूप मे मिलेंगे जिन्हे आपकी जरूरतों के अनुसार बनाया गया है। इसके माध्यम से आपको स्मार्ट तरीके से परीक्षा के लिए अभ्यास करने में मदद मिलेगी। साथ ही आपको सहायक, समाधान और स्मार्ट उत्तर पत्रिका भी प्रदान की जायेंगी। जिससे आप अपना मूल्यांकन स्वयं कर सकते हैं। आप स्वयं की समीक्षा कर, उन सभी बिन्दुओं पर खुद को बेहतर तरीके से तैयार कर सकते हैं।

EduGorilla आपको अपनी परीक्षा में सफलता दिलाने और आपके लक्ष्य को हासिल करने में आपकी सहायता करने का वादा करता हैं। हम अपने प्रतिभागियों पर पूरा भरोसा करते हैं और उन्हें मेरिट सूची के शीर्ष पर देखते हैं। शीर्ष स्थान की ओर आपका पहला कदम है हमारे साथ तैयारी शुरू करना। EduGorilla की "NRA CET - Intermediate Pass : सामान्य हिन्दी" की विशेषताएं कुछ इस प्रकार हैं।

➤ अच्छी तरह से शोध किया हुआ पाठ्यक्रम

➤ उच्च गुणवत्ता

➤ विस्तृत उत्तर और विश्लेषण

➤ स्मार्ट उत्तर पत्रिका

➤ परीक्षा सुसंगत प्रश्न

इस प्रकार EduGorilla आपकी तैयारी को मजबूत और आपको परीक्षा में सफल होने के योग्य बनाता है।

विषय-सूची

Q.1 निम्नलिखित में से कौन सा वाक्य अशुद्ध है?

A. मैं सब कुछ बदल देगा।

B. यहाँ कुछ भी नहीं बदल सकता।

C. तुमसे कुछ भी नहीं होगा।

D. मुझे कोई परेशानी नहीं है।

Q.2 निम्नलिखित में से कौन सा वाक्य शुद्ध है?

A. अहकार मानव सुख का नाशक है।

B. अहंकार मानाव सूखा का नाशक है।

C. अहंकार मानाव सुख का नशाक है।

D. अहंकार मानव सुख का नाशक है।

Q.3 निम्नलिखित में से कौन सा वाक्य शुद्ध है?

A. विश्वदर्शन का विकल्प मन विचरण मात्र तो नहीं हो सकते है।

B. विश्वदर्शन का विकल्प मन विचरण मात्र तो नहीं हो सकता है।

C. विश्वदर्शन का विकल्प मन विचरण मात्र तो नहीं हो सकेत है।

D. विश्वदर्शन का विकल्प मन विचरण मात्र तो नहीं हो साकता है।

Q.4 निम्नलिखित में से कौन सा वाक्य शुद्ध है?

A. मैं सभी को हरा दूंगा

B. मैं सभी को हरा देगा

C. मैं सभी को हरा दे सकता हूँ

D. मैं सभी को हरा देऊंगा

Q.5 निम्नलिखित में से कौन सा वाक्य शुद्ध है?

A. महाभारत अठारह दिनों तक चलता रह।

B. महाभारत अठारह दिन तक चलता रहे।

C. महाभारत अठारह दिनों तक चलता रहा।

D. महाभारत अठारह दिनों तक चलता ही रहा।

Q.6 निम्नलिखित में से कौन सा वाक्य अशुद्ध है?

A. गीता आई और उसने कहा।

B. मैंने यह काम नहीं किया है।

C. वह शीशा तोड़कर भाग गया।

D. आपके रहन सहन का दर्जा ऊँचा है।

Q.7 शुद्ध वाक्य का चयन करें।

A. मैं पुस्तक को पढ़ता हूँ।

B. मैं पुस्तक पढ़ लिया हूँ।

C. मैंने पुस्तक पढ़ता हूँ।

D. मैं पुस्तक पढ़ता हूँ।

Q.8 निम्नलिखित में से कौन सा वाक्य शुद्ध है?

A. मुझे बहुत आनंद आती है।

B. तुम दोनों में अधिक बुद्धिमान कौन है?

C. मैंने बहुत आनंद आती है।

D. इनमें से कोई नहीं

Q.9 निम्नलिखित में से कौन सा वाक्य शुद्ध है?

A. वह धीमे स्वर में बोला।

B. राम और सीता वन को गई।

C. राम सीता वन को गई।

D. राम और सीता वन में गई।

Q.10 निम्नलिखित में से कौन सा वाक्य शुद्ध है?

A. हमने इस विषय को विचार किया।

B. हमने इस विषय में विचार किया।

C. आठ बजने में दस मिनट है।

D. इनमें से कोई नहीं

Q.11 निम्नलिखित में से कौन सा वाक्य शुद्ध है?

A. कुत्ता रेंकता है।

B. तुम जाकर ले लो।

C. मेरे को यह बात पसंद नहीं।

D. तेरे को अब जाना चाहिए।

Ques (12-15):निर्देश: नीचे दिये गये प्रश्न में एक वाक्य को चार भागों में बाँटा गया है। आपको वाक्य का अध्ययन कर तय करना है कि निम्न में किस भाग में त्रुटि है।

Q.12 आमतौर पर सामाजिक विज्ञानों और निगमनात्मक प्रणालियों को विज्ञान नहीं माना जाता।

A. आमतौर पर

B. सामाजिक विज्ञानों और

C. निगमनात्मक प्रणालियों को

D. विज्ञान नहीं माना जाता

Q.13 हिन्दू धर्म में प्रकृति पूजन को प्रकृति संरक्षण के तौर पर मान्यता प्राप्त है।

A. हिन्दू धर्म में

B. प्रकृति पूजन को

C. प्रकृति संरक्षण के

D. तौर पर मान्यता प्राप्त है।

Q.14 प्रधानमंत्री जनता के हितकर कल्याण के लिए कार्य कर रहे हैं और कोरोना संकट की घड़ी में केंद्र की योजनाएं गरीबों की मददगार साबित हुई हैं।

A. प्रधानमंत्री जनता के हितकर कल्याण

B. के लिए कार्य कर रहे हैं और कोरोना संकट

C. की घड़ी में केंद्र की योजनाएं

D. गरीबों के लिए मददगार साबित हुई हैं।

Q.15 गाँव के प्रधानाध्यापक की पदोन्नति पर जाने पर गाँव वालों ने उन्हें अभिनन्दन-पत्र के साथ एक शॉल भेंट किया।

A. गाँव के प्रधानाध्यापक की

B. पदोन्नति पर जाने पर गाँव वालों

C. ने उन्हें अभिनन्दन-पत्र के

D. साथ एक शाल भेंट किया।

Q.16 दिए गए वाक्यों में से शुद्ध वाक्य ज्ञात कीजिए।

A. गूड़ियों का त्यौहार आने वाला है।

B. गुड़ियों का त्योहार आने को है।

C. गूड़ियो की त्योहार आने वाली है।

D. गुड़ियों का त्योहार आने वाला है।

Q.17 दिए गए वाक्यों में से शुद्ध वाक्य ज्ञात कीजिए।

A. पिकनिक की ओर चलने के लिए तैयार हो जाओ।

B. पिकनिक पर जाने के लिए तैयार हो जाओ।

C. पिकनिक जाने के लिए तैयार हो जाओं।

D. पिकनिक से चलने पर तैयार हो जाओं।

Q.18 दिए गए वाक्यों में से शुद्ध वाक्य ज्ञात कीजिए।

A. बालिका दिनभर पढ़ती है।

B. वह हमारे लिए चाय को बनाकर जाता हैं।

C. उसे घूमना बहुत अधिक पसंद थी।

D. राम और सीता दोनों खेलने गई थी।

Q.19 दिए गए वाक्यों में से शुद्ध वाक्य ज्ञात कीजिए।
A. नौकरी करी जहाज पर मैं।
B. जहाज मैं नौकरी करता था एक पर।
C. मैं जहाज़ की नौकरी को पर करता था।
D. मैं एक जहाज पर नौकरी करता था।

Q.20 निम्नलिखित में से कौन सा वाक्य अशुद्ध है?
A. बच्चे हरी गेंद उछाल रहे हैं।
B. किसानों की पूरी फसल बाढ़ में भींग गई।
C. पेंटिंग में स्त्री हँस रही है।
D. विद्यालय बंद है।

Q.21 निम्नलिखित में से कौन सा वाक्य शुद्ध है?
A. एक फूलों की माला लाओ।
B. मेरी बात सुनने की कृपा करें।
C. नेता जी का का राष्ट्र आभारी है।
D. यहां शुद्ध गाय का दूध मिलता है।

Q.22 निम्नलिखित में से कौन सा वाक्य अशुद्ध है:
A. शिक्षक आज नहीं पढ़ाएंगे।
B. मैं आपका बहुत आभारी करता हूँ।
C. परिश्रम सफलता की कुंजी है।
D. विद्वानों का हर जगह सम्मान होता है।

Q.23 निम्नलिखित में से कौन सा वाक्य अशुद्ध है:
A. बसंत ऋतु का मौसम आने वाला है।
B. मेंढक टर्राना बंद कर देंगे।
C. महुए के पेड़ महक उठेंगे।
D. अब कोयलें कूकेंगी।

Q.24 निम्नलिखित में से कौन सा वाक्य शुद्ध है:
A. उसका पाचक तंत्र ठीक है।
B. झोपड़ी आग के हिस्से कर दी गयी।
C. माला टूटकर फैल गयी।
D. गर्म दूध पीकर सो जाओ।

Q.25 निम्नलिखित में से कौन सा वाक्य शुद्ध है:
A. भारत में कई दर्शनीय स्थल हैं।
B. न्यायालय ने न्याय सुना दिया।
C. मैं मेरा काम कर लिया।
D. उसे मतदान देने का अधिकार है।

Q.26 दिए गए वाक्यों में से शुद्ध वाक्य का चयन कीजिए।
A. सुबह सबको दो गिलास गुनगुना गर्म पानी पीना चाहिए।
B. सुबह उठकर सबको दो गिलास गर्म पानी पीना चाहिए।
C. सुबह उठकर सबको दो गिलास गुनगुना गर्म पानी पीना चाहिए।
D. सुबह उठकर सबको दो-दो गिलास गुनगुना गर्म पानी पीना चाहिए।

Q.27 निम्नलिखित प्रश्न में, चार विकल्पों में से, उस सही विकल्प का चयन करें जो शुद्ध वाक्य का सबसे अच्छा विकल्प है।
A. दो लड़के इधर आ रहे हैं।
B. दो लड़का उधर आ रहे हैं।
C. दो लड़के इधर आ रहे है।
D. दो लड़का इधर आ रहा है।

Q.28 निम्नलिखित में से शुद्ध वाक्य का चयन कीजिए।
A. बत्तखों का झुण्ड पानी में तैर रहा था।
B. बत्तखों के झुण्ड पानी में तैर रहा था।

C. बत्तखों का झुण्ड पानी में तैर रहे थे।
D. बत्तखों का झुण्ड पानी में तैरते थे।

Q.29 निम्नलिखित में से शुद्ध वाक्य का चयन कीजिए।
A. चिड़िया ने दनादन पाँच दाना चुग गई।
B. चिड़िया दनादन पाँचों दाने चुग गई।
C. चिड़िया दनादन पाँच दाना चुग लिए।
D. चिड़िया दनादन पाँच दाना चुग गई।

Q.30 निम्नलिखित में से शुद्ध वाक्य का चयन कीजिए।

[UPSSSC Junior Assistant, 2020]

A. भारत में चंद्रयान-2 लॉन्च किए हैं।
B. भारत ने चंद्रयान-2 लॉन्च की है।
C. भारत ने चंद्रयान-2 लॉन्च किए है।
D. भारत ने चंद्रयान-2 लॉन्च किया है।

// स्मार्ट उत्तर पुस्तिका //

सही उत्तर — उन छात्रों का प्रतिशत जिन्होंने प्रश्नों का सही उत्तर दिया था। **छोड़ दिया** — उन छात्रों का प्रतिशत जिन्होंने प्रश्नों को छोड़ दिया था।

प्रश्न संख्या	उत्तर	सही उत्तर / छोड़ दिया	प्रश्न संख्या	उत्तर	सही उत्तर / छोड़ दिया	प्रश्न संख्या	उत्तर	सही उत्तर / छोड़ दिया	प्रश्न संख्या	उत्तर	सही उत्तर / छोड़ दिया	प्रश्न संख्या	उत्तर	सही उत्तर / छोड़ दिया	प्रश्न संख्या	उत्तर	सही उत्तर / छोड़ दिया
1	A	69.98 % / 30.02 %	6	D	55.66 % / 43.97 %	11	B	67.07 % / 30.07 %	16	D	47.13 % / 48.34 %	21	B	44.04 % / 49.58 %	26	B	59.93 % / 30.22 %
2	D	87.58 % / 10.06 %	7	D	49.2 % / 45.21 %	12	B	59.07 % / 31.33 %	17	B	68.34 % / 30.82 %	22	B	43.03 % / 56.15 %	27	A	60.1 % / 38.36 %
3	B	65.54 % / 33.49 %	8	B	56.52 % / 39.74 %	13	B	61.18 % / 36.84 %	18	A	61.74 % / 32.6 %	23	A	40.92 % / 45.85 %	28	A	41.76 % / 31.15 %
4	A	84.47 % / 13.41 %	9	A	64.86 % / 32.86 %	14	A	15.5 % / 81.33 %	19	D	40.59 % / 44.32 %	24	D	47.48 % / 42.77 %	29	B	64.77 % / 31.28 %
5	C	40.7 % / 52.57 %	10	C	48.05 % / 51.78 %	15	B	20.62 % / 67.31 %	20	B	68.27 % / 30.79 %	25	A	51.13 % / 39.41 %	30	D	46.91 % / 46.83 %

//संकेत और समाधान//

1. 'मैं सब कुछ बदल देगा' वाक्य में क्रिया संबंधी अशुद्धि है। यहाँ पर कर्ता एकवचन के साथ क्रिया भी एकवचन होगी परंतु इस वाक्य में क्रिया का चयन उचित नहीं है। 'देगा' के स्थान पर 'दूंगा' उचित होगा।

'मैं सब कुछ बदल देगा' वाक्य में सर्वनाम संबंधी अशुद्धि है। यहाँ पर कर्ता एकवचन तृतीय पुरुष उचित होता। मैं के स्थान पर 'वह' उचित होता।

अन्य शुद्ध-अशुद्ध वाक्य:

अशुद्ध वाक्य	शुद्ध वाक्य
मैं सब कुछ बादल देगा।	मैं सब कुछ बादल दूंगा।
मैं चल जाऊंगा।	मैं चला जाऊंगा।

अतः विकल्प (A) सही है।

2. दिये गए विकल्पों में (D)- "अहंकार मानव सुख का नाशक है।" सही है।

अन्य विकल्पों में वर्तनीगत त्रुटियाँ क्रमशः- अहकार, मानाव सूखा, मानाव नशाक हैं। इसलिए, शेष सभी विकल्प सही उत्तर नहीं हैं।

अन्य शुद्ध-अशुद्ध वाक्य:

अशुद्ध वाक्य	शुद्ध वाक्य
वे ऊंची-कोटी के विद्वान हैं।	वे उच्च-कोटि के विद्वान हैं।
अनेक निरपराधी दंडभागी हुये।	आनेक निरपराध दंडभागी हुये।

अतः विकल्प (D) सही है।

3. 'विश्वदर्शन का विकल्प मन विचरण मात्र तो नहीं हो सकता है।' शुद्ध वाक्य है क्योंकि अन्य विकल्पों में 'क्रिया संबंधी' त्रुटि है।

जैसे 'सकते है', उचित क्रिया नहीं है और 'है' के स्थान पर हैं शब्द का प्रयोग वचन के अनुसार बहुवचन में होगा। इस के स्थान पर 'सकता है' क्रिया प्रयुक्त होगी क्योंकि 'सकता है' क्रिया अपने आप में एक वचन है और 'मन' शब्द भी वचन के अनुसार एकवचन है।

अत: विकल्प (B) सही है।

4. 'मैं सभी को हरा दूंगा' शुद्ध वाक्य है क्योंकि अन्य विकल्पों में क्रिया संबंधी त्रुटि है। जैसे 'हरा देगा', 'मैं सभी को हरा दे सकता हूँ', और 'हरा देउंगा' उचित क्रियाएँ नहीं है उसके स्थान पर 'दूंगा' क्रिया उपयुक्त।

अत: विकल्प (A) सही है।

5. 'महाभारत अठारह दिनों तक चलता रहा ।' शुद्ध वाक्य है क्योंकि इसमें वचन से संबंधी त्रुटि नहीं है।

संज्ञा या सर्वनाम के जिस रूप से उसके एक या अनेक होने का बोध हो उसे वचन कहते है। हिंदी मे वचन भी संज्ञा, सर्वनाम, विशेषण और क्रिया रूपों मे परिवर्तन करते है। वाक्य में, संज्ञा, सर्वनाम, लिंग, वचन, क्रिया-विशेषण, क्रिया, विशेषण आदि संबंधी अशुद्धियाँ हो सकती हैं।

अतः विकल्प (C) सही है।

6. 'आपके रहन सहन का दर्जा ऊँचा है' अशुद्ध वाक्य है क्योंकि इसमें संज्ञा संबंधी त्रुटि है। जैसे 'दर्जा' के स्थान पर उचित संज्ञा का प्रयोग नहीं है और उसके स्थान पर 'स्तर' संज्ञा प्रयुक्त होगा क्योंकि 'दर्जा' संज्ञा अव्याकरणिक है।

अत: विकल्प (D) सही है।

7. दिए गये वाक्यों में 'मैं पुस्तक को पढ़ता हूँ' सही नहीं है यहाँ 'को' अतिरिक्त कारक है।

'मैं पुस्तक पढ़ लिया हूँ' यहाँ क्रिया का प्रयोग सही नहीं है,

'मैंने पुस्तक पढ़ता हूँ' यहाँ कर्ता का उपयुक्त प्रयोग नहीं किया गया है तथा 'मैं पुस्तक पढ़ता हूँ' वाक्य बिल्कुल सटीक लिखा गया है।

8. 'तुम दोनों में अधिक बुद्धिमान कौन है?' शुद्ध वाक्य है। क्योंकि इसमें कोई त्रुटि नहीं है।

वाक्य सम्प्रेषण की सबसे महत्वपूर्ण और सार्थक इकाई होती है। अतः वाक्यगत अशुद्धियाँ को शुद्ध रूप में लिखना सम्प्रेषण को अधिक सरल बनाता है। वाक्य में, संज्ञा, सर्वनाम, लिंग, वचन, क्रिया-विशेषण, क्रिया, विशेषण आदि संबंधी अशुद्धियाँ हो सकती हैं।

अतः विकल्प (B) सही है।

9. 'वह धीमे स्वर में बोला।' शुद्ध वाक्य है। क्योंकि इसमें कोई त्रुटि नहीं है।

वाक्य सम्प्रेषण की सबसे महत्वपूर्ण और सार्थक इकाई होती है। अतः वाक्यगत अशुद्धियाँ को शुद्ध रूप में लिखना सम्प्रेषण को अधिक सरल बनाता है। वाक्य में, संज्ञा, सर्वनाम, लिंग, वचन, क्रिया-विशेषण, क्रिया, विशेषण आदि संबंधी अशुद्धियाँ हो सकती हैं।

अतः विकल्प (A) सही है।

10. 'आठ बजने में दस मिनट है।' शुद्ध वाक्य है। क्योंकि इसमें कोई त्रुटि नहीं है।

वाक्य सम्प्रेषण की सबसे महत्वपूर्ण और सार्थक इकाई होती है। अतः वाक्यगत अशुद्धियाँ को शुद्ध रूप में लिखना सम्प्रेषण को अधिक सरल बनाता है। वाक्य में, संज्ञा, सर्वनाम, लिंग, वचन, क्रिया-विशेषण, क्रिया, विशेषण आदि संबंधी अशुद्धियाँ हो सकती हैं।

अतः विकल्प (C) सही है।

11. 'तुम जाकर ले लो।' शुद्ध वाक्य है। क्योंकि इसमें कोई त्रुटि नहीं है।

वाक्य सम्प्रेषण की सबसे महत्वपूर्ण और सार्थक इकाई होती है। अतः वाक्यगत अशुद्धियाँ को शुद्ध रूप में लिखना सम्प्रेषण को अधिक सरल बनाता है। वाक्य में, संज्ञा, सर्वनाम, लिंग, वचन, क्रिया-विशेषण, क्रिया, विशेषण आदि संबंधी अशुद्धियाँ हो सकती हैं।

अतः विकल्प (B) सही है।

12. उपर्युक्त विकल्पों में से सही उत्तर विकल्प (B) 'सामाजिक विज्ञानों और' है। अन्य विकल्प शुद्ध रूप में है। 'सामाजिक विज्ञानों और' के स्थान पर 'सामाजिक विज्ञान और' होगा।

शुद्ध वाक्य: आमतौर पर सामाजिक विज्ञान और निगमनात्मक प्रणालियों को विज्ञान नहीं माना जाता।

अतः विकल्प (B) सही है।

13. उपरोक्त वाक्य के विकल्पों में से इसका सही उत्तर विकल्प (B) 'प्रकृति पूजन को' है। अन्य विकल्प इसके शुद्ध रूप में हैं। इसमें 'प्रकृति पूजन को' के स्थान पर 'प्रकृति पूजन को' यह विकल्प उचित होगा। इसमें मात्रिक त्रुटि है।

शुद्ध वाक्य: हिन्दू धर्म में प्रकृति पूजन को प्रकृति संरक्षण के तौर पर मान्यता प्राप्त है।

उपरोक्त वाक्य में व्याकरणिक त्रुटि थी। 'प्रकृति' के स्थान पर 'प्रकृति' होगा।

अतः विकल्प (B) सही है।

14. उपर्युक्त वाक्य के प्रधानमंत्री जनता के हितकर कल्याण' में त्रुटि है।

शुद्ध वाक्य: प्रधानमंत्री जनता के कल्याण के लिए कार्य कर रहे हैं और कोरोना संकट की घड़ी में केंद्र की योजनाएं गरीबों के लिए मददगार साबित हुई हैं।

अतः विकल्प (A) सही है।

15. उपर्युक्त वाक्य के भाग 2 'पदोन्नति पर जाने पर गाँव वालों' में त्रुटि है।

शुद्ध वाक्य: गाँव के प्रधानाध्यापक की/ पदोन्नति होने पर गाँव वालों/ ने उन्हें अभिनन्दन-पत्र के/ साथ एक शॉल भेंट किया।/ कोई त्रुटि नहीं है।

अतः विकल्प (B) सही है।

16. दिए गये वाक्यों में से 'गुड़ियों का त्योहार आने वाला है।' यह वाक्य व्याकरण की दृष्टि से शुद्ध है।

इस वाक्य में लिंग की शुद्धता का ध्यान रखा गया है। अन्य विकल्पों में वर्तनी अशुद्धि , लिंग अशुद्धि और वचन अशुद्धि है।

वाक्य शुद्धि: शब्द शुद्धि के साथ वाक्य शुद्धि का भी भाषा में महत्त्वपूर्ण स्थान होता है। वाक्य में अनावश्यक शब्द प्रयोग से, अनुपयुक्त शब्द के प्रयुक्त होने से, सही क्रम या अन्विति न होने से, लिंग, वचन, कारक का सही प्रयोग नहीं होने से, सही सर्वनाम एवं क्रिया का प्रयोग न होने से वाक्य अशुद्ध हो जाता है। जो अर्थ के साथ भाषा सौन्दर्य को हानि पहुँचाता है।

अत: विकल्प (D) सही है।

17. दिए गये वाक्यों मे से 'पिकनिक पर जाने के लिए तैयार हो जाओ।' यह वाक्य व्याकरण की दृष्टि से शुद्ध है।

अशुद्ध वाक्य	शुद्ध वाक्य
पिकनिक जाने के लिए तैयार हो जाओ।	पिकनिक पर जाने के लिए तैयार हो जाओ।
पिकनिक की ओर चलने के लिए तैयार हो जाओ।	पिकनिक पर चलने के लिए तैयार हो जाओ।
पिकनिक से चलने पर तैयार हो जाओ।	पिकनिक पर चलने के लिए तैयार हो जाओ।

अत: विकल्प (B) सही है।

18. दिए गये विकल्पों में से 'बालिका दिनभर पढ़ती है।' यह वाक्य व्याकरण की दृष्टि से शुद्ध और सटीक है।

अशुद्ध वाक्य	शुद्ध वाक्य
वह हमारे लिए चाय को बनाकर जाता हैं।	वह हमारे लिए चाय बनाकर लाता हैं।
उसे घूमना बहुत अधिक पसंद थी।	उसे घूमना अत्यधिक पसंद था।
राम और सीता दोनों खेलने गई थी।	राम और सीता दोनों खेलने गये थे

अत: विकल्प (A) सही है।

19. दिए गए विकल्पों में सही उत्तर 'मैं एक जहाज पर नौकरी करता था।' - यह वाक्य व्याकरण की दृष्टि से शुद्ध वाक्य है।

मैं जहाज़ की नौकरी को पर करता था। - इस वाक्य में कारक की अशुद्धि है।

जहाज मैं नौकरी करता था एक पर। - इस वाक्य में वाक्य का क्रम गलत तरीके से लिखा हुआ है।

नौकरी करी जहाज पर मैं। - इस वाक्य में वाक्य का क्रम गलत लिखा हुआ है।

अत: विकल्प (D) सही है।

20. किसानों की पूरी फसल बाढ़ में भींग गई। वाक्य अशुद्ध है।

शुद्ध वाक्य: किसानों की पूरी फसल बाढ़ में तबाह हो गई।

वाक्य में अनावश्यक शब्द प्रयोग से, अनुपयुक्त शब्द के प्रयुक्त होने से, सही क्रम या अन्विति न होने से, लिंग, वचन, कारक का सही प्रयोग नहीं होने से, सही सर्वनाम एवं क्रिया का प्रयोग न होने से वाक्य अशुद्ध हो जाता है।

अत: विकल्प (B) सही है।

21. दिए गये विकल्पों में से 'मेरी बात सुनने की कृपा करें।' यह वाक्य व्याकरण की दृष्टि से शुद्ध है।

अशुद्ध वाक्य	शुद्ध वाक्य
एक फूलों की माला लाओ।	फूलो की एक माला लाओ।
नेता जी का का राष्ट्र आभारी है।	नेताजी का राष्ट्र आभारी है।
यहां शुद्ध गाय का दूध मिलता है।	यहाँ गाय का शुद्ध दूध मिलता है।

अत: विकल्प (B) सही है।

22. मैं आपका बहुत आभारी करता हूँ। वाक्य अशुद्ध है।

शुद्ध वाक्य: मैं आपका बहुत आभारी हूँ। या मैं आपका बहुत आभार प्रकट करता हूँ।

वाक्य को शुद्ध रूप में लिखने से ही उसके अर्थ का बोध होता है, यदि उसमें वर्तनीगत या व्याकरणिक अशुद्धियाँ होती हैं तो उसका सम्प्रेषण बाधित होता है।

अत: विकल्प (B) सही है।

23. बसंत ऋतु का मौसम आने वाला है। यह एक अशुद्ध वाक्य है।

शुद्ध वाक्य: बसंत ऋतु आने वाली है।

यहाँ ऋतु और मौसम एक समान अर्थ रखने वाले शब्द है। अन्य वाक्य शुद्ध और सार्थक है।

वाक्य को शुद्ध रूप में लिखने से ही उसके अर्थ का बोध होता है, यदि उसमें वर्तनीगत या व्याकरणिक अशुद्धियाँ होती हैं तो उसका सम्प्रेषण बाधित होता है। वाक्य अशुद्धि शब्द से लेकर वाक्य स्तर तक हो सकती है। वाक्य में निम्न प्रकार की अशुद्धियाँ हो सकती है- संज्ञा, सर्वनाम, क्रिया, लिंग, वचन, विशेषण, अव्यय, पदक्रम, अधिकपदत्व, अव्यय, क्रिया-विशेषण, द्विरुक्ति, विभक्ति, शब्द-ज्ञान आदि।

अत: विकल्प (A) सही है।

24. "गर्म दूध पीकर सो जाओ।" वाक्य शुद्ध है।

अशुद्ध वाक्य	शुद्ध वाक्य
उसका पाचक तंत्र ठीक है।	उसका पाचन तंत्र ठीक है।
झोपड़ी आग के हिस्से कर दी गयी।	झोपड़ी आग के हवाले कर दी गयी।
माला टूटकर फैल गयी।	माला टूटकर बिखर गयी।

अत: विकल्प (D) सही है।

25. दिए गए विकल्पों में 'भारत में कई दर्शनीय स्थल हैं।' एक शुद्ध वाक्य है।

'दर्शनीय' शब्द का अर्थ 'देखने योग्य' है।

अशुद्ध वाक्य	शुद्ध वाक्य
न्यायालय ने न्याय सुना दिया।	न्यायालय ने न्याय किया।
मैं मेरा काम कर लिया।	मैंने मेरा काम कर लिया।
उसे मतदान देने का अधिकार है।	उसे मतदान का अधिकार है।

अत: विकल्प (A) सही है।

26. सुबह उठकर सबको दो गिलास गर्म पानी पीना चाहिए।'- शुद्ध वाक्य है।

अन्य विकल्पों में पुनरुक्ति और अधिकपदत्व संबंधी त्रुटियाँ हैं।

वाक्य सम्प्रेषण की सबसे महत्वपूर्ण और सार्थक इकाई होती है। वाक्यगत अशुद्धियों को शुद्ध रूप में लिखना सम्प्रेषण को अधिक सरल बनाता है। वाक्य में, संज्ञा, सर्वनाम, लिंग, वचन, क्रिया-विशेषण, क्रिया, विशेषण आदि संबंधी अशुद्धियाँ हो सकती हैं।

अत: विकल्प (B) सही है।

27. दिए गए विकल्पों में से सही विकल्प 'दो लड़के इधर आ रहे हैं।' सही है। अन्य विकल्प सही नही हैं।

दिए गए विकल्पों में शुद्ध वाक्य का सबसे अच्छा विकल्प है - दो लड़के इधर आ रहे हैं। शेष विकल्पों में वचन तथा क्रिया की अशुद्धियाँ विद्यमान हैं।

वाक्य सम्प्रेषण की सबसे महत्वपूर्ण और सार्थक इकाई होती है। अत: वाक्यगत अशुद्धियों को शुद्ध रूप में लिखना सम्प्रेषण को अधिक सरल बनाता है। वाक्य में, संज्ञा, सर्वनाम, लिंग, वचन, क्रिया-विशेषण, क्रिया, विशेषण आदि संबंधी अशुद्धियाँ हो सकती हैं।

अतः विकल्प (A) सही है।

28. दिये गए विकल्पों में से 'बत्तखों का झुण्ड पानी में तैर रहा था' शुद्ध रूप है। अन्य विकल्प त्रुटिपूर्ण हैं।

अशुद्ध वाक्य	त्रुटि
बत्तखों के झुण्ड पानी में तैर रहा था।	वचन संबधी
बत्तखों का झुण्ड पानी में तैर रहे थे।	वचन संबंधी
बत्तखों का झुण्ड पानी में तैरते थे	वचन और क्रिया संबंधी

अतः विकल्प (A) सही है।

29. दिये गए विकल्पों में से 'चिड़िया दनादन पाँचों दाने चुग गई' शुद्ध रूप है।

अशुद्ध वाक्य	त्रुटि
चिड़िया ने दनादन पाँच दाना चुग गई।	क्रिया संबधी
चिड़िया दनादन पाँच दाना चुग लिए।	वचन और कारक संबंधी
चिड़िया दनादन पाँच दाना चुग गई।	वचन संबंधी

अतः विकल्प (B) सही है।

30. दिये गए विकल्पों में से 'भारत ने चंद्रयान-2 लॉन्च किया है' शुद्ध रूप है।

अशुद्ध वाक्य	त्रुटि
भारत में चंद्रयान-2 लॉन्च किए हैं।	वचन और कारक संबधी
भारत ने चंद्रयान-2 लॉन्च की हैं।	लिंग संबंधी
भारत ने चंद्रयान-2 लॉन्च किए हैं।	वचन संबंधी

अतः विकल्प (D) सही है।

Q.1 निर्देश: दिए गए वाक्यांश के लिए एक शब्द बताएं।

जिसका भाषा द्वारा वर्णन असंभव हो

A. अग्रणी   B. अतिशयोक्ति
C. अनिर्वचनीय   D. अग्रज

Q.2 'नीचे की ओर लाना या खँचना' वाक्यांश के लिए एक शब्द है-

A. अप्रत्यक्ष/परोक्ष   B. अपकर्ष
C. अप्रत्याशित   D. अप्रमेय

Q.3 'धनुष की प्रत्यंचा से उत्पन्न ध्वनि' के लिए उचित एक शब्द का चयन कीजिए।

A. टांकर   B. टनकर   C. टंकार   D. तंकर

Q.4 'औपचारिक' शब्द के लिए वाक्यांश है:

A. जो व्यावहारिक दृष्टि से अनुचित हो
B. जो मात्र शिष्टाचार, व्यावहारिकता के लिए न हो
C. जो मात्र शिष्टाचार, व्यावहारिकता के लिए हो
D. जो व्यावहारिक दृष्टि से उचित हो

Q.5 'अपना उदेश्य पूर्ण होने पर संतुष्ट' ऐसे व्यक्ति के लिए एक शब्द है:

A. चिरप्रसन्न   B. कृतज्ञ   C. आभारी   D. कृतार्थ

Q.6 "जिसको त्यागा न जा सके" वाक्य के लिए एक शब्द है:

A. अकाट्य   B. अनुरक्त   C. अगाध   D. अत्याज्य

Q.7 'वह साहित्य जिसमें गद्य और पद्य दोनों मिश्रित हों - के लिए सार्थक शब्द है:

[Rajasthan Police Sub Inspector, 2016]

A. गद्यकाव्य   B. चम्पू
C. गद्यगीत   D. मिश्रित काव्य

Q.8 'घूमने - फिरने वाला साधु' - वाक्यांश के लिए सार्थक शब्द क्या होगा?

[Rajasthan Police Sub Inspector, 2016]

A. योगी   B. तपस्वी   C. श्रमण   D. परिव्राजक

Q.9 'आवश्यकता से अधिक धनसम्पत्ति एकत्र न करना' वाक्यांश के लिए सार्थक शब्द है

A. अस्तेय   B. अपरिग्रह   C. कृपणता   D. सदाचार

Q.10 'जिस पेड़ के पत्ते झड़ गये हों'-के लिए एक शब्द है:

A. प्रपर्ण   B. अपर्ण   C. पत्रहीन   D. अपत

Q.11 'जो नभ में चलता है' के लिए शब्द है:

A. खेचर   B. खच्चर   C. नभोत्पन्न   D. नभचाली

Q.12 "वह सूचना जो सरकार की ओर से जारी हो" वाक्य के लिए एक शब्द होगाः

A. अधिनियम   B. अध्यादेश
C. अधिसूचना   D. अद्यतन

Q.13 "जिसका मन कहीं अन्यत्र लगा हो" वाक्य के लिए एक शब्द है:

A. अकिंचन   B. अन्यमनस्क
C. अलंघनीय   D. अनिश्चित

Q.14 "जो बाह्य संसार के ज्ञान से अनभिज्ञ हो" वाक्य के लिए एक शब्द है:

A. अलौकिक   B. अलोकज्ञ   C. अभेद्य   D. अनादि

Q.15 "जिसका वर्णन न हो सके" वाक्य के लिए एक शब्द है:

A. अखंडनीय   B. अवर्णनीय   C. अज्ञेय   D. अनुपम

Q.16 'समुद्र मे लगने वाली आग' वाक्यांश के लिए एक शब्द है-

A. समुद्राग्नि   B. समुद्रपावक
C. अर्णवाग्नि   D. बड़वानल

Q.17 'हवन कुंड की अग्नि' वाक्यांश के लिए एक शब्द क्या है?

A. आहुति   B. हवनाग्नि   C. होमाग्नि   D. यज्ञाग्नि

Q.18 निम्नलिखित में से वाक्यांश के लिए एक शब्द के जोड़े में से सही जोड़ा बताइये-

A. किसी विषय का पूर्ण ज्ञाता- विशेषज्ञ
B. जो परलोक से संबंधित हो- परलोकी
C. मार्ग मे खाने के लिए भोजन- पथभोज
D. जिसका संबंध पृथ्वी से हो - पार्थिव

Q.19 'रंगमंच पर पर्दे के पीछे का स्थान' वाक्यांश के लिए एक शब्द है-

A. निर्भय   B. नीतिज्ञ   C. नैष्ठिक   D. नेपथ्य

Q.20 'जिसका विभाजन न किया गया हो' वाक्यांश के लिए एक शब्द है-

A. अविचारित   B. अविभक्त
C. अवश्यंभावी   D. अव्यवहृत

Q.21 'जो बात गूढ़ (रहस्यपूर्ण) हो' वाक्यांश के लिए एक शब्द है-

A. गुरुत्वाकर्षण   B. ग्राह्य
C. गूढ़ोक्ति   D. गतानुगतिक

Q.22 'ऊपर से नीचे की ओर आने वाला' वाक्यांश के लिए उचित शब्द क्या होगा?

A. अनुलोम   B. प्रतिलोम   C. उपर्युक्त   D. अधोगति

Q.23 दिए गए विकल्पों में से 'उच्छवास' शब्द के लिए उचित वाक्यांश छांटिए।

A. ऊपर की ओर जाने वाला
B. ऊपर कहा हुआ
C. ऊपर आने वाली श्वांस
D. कोई नहीं

Q.24 'मनुष्य की साधारण मृत्यु' को एक शब्द में क्या कहेंगे?

A. प्रमीति   B. प्रतोद   C. दिसा   D. आश्रव

Q.25 वाक्यांश और उसके लिए दिए गए शब्द के असंगत मेल का चयन कीजिए।

A. हाथियों के समूह में सबसे बड़ा हाथी - कारिंद
B. जो खुशी के पीछे पागल हो - अनसूया
C. सूर्य का कर्क रेखा से दक्षिण जाना - दक्षिणायन
D. सोलह वर्ष की नायिका - श्यामा

Q.26 'दिल बहलाव के लिए बातचीत करना' वाक्यांश के उचित विकल्प का चयन कीजिए।

A. वाग्विलास   B. वाग्विदग्ध   C. वाग्युद्ध   D. वाग्मी

Q.27 'वाकबद्ध' के लिए उचित वाक्यांश का चयन कीजिए।

A. मौन या वचनबद्ध

B. पढ़े हुए पाठ को दोहराना
C. जिस पर अपना अधिकार हो
D. बार-बार होने का भाव

Q.28 दिए गए विकल्पों में से 'स्थानापन्न' के लिए उचित वाक्यांश का चयन कीजिए।
A. जो किसी के अधीन या पराधीन न हो
B. दूसरे के स्थान पर अस्थायी काम करने वाला
C. जो सर्वशक्ति सम्पन्न हो
D. जिसे देखकर लोग मजाक उड़ाए

Q.29 'जिसकी आशा न की जाये' वाक्यांश के लिए एक शब्द क्या होगा?
A. असमर्थ
B. अप्रत्याशित
C. अपाठ्य
D. अभेद्य

Q.30 युद्ध की इच्छा रखने वाला' वाक्यांश के लिए एक शब्द है।
A. पिपासु
B. युयुत्सु
C. जिज्ञासु
D. उत्सुक

// स्मार्ट उत्तर पुस्तिका //

| सही उत्तर | | उन छात्रों का प्रतिशत जिन्होंने प्रश्नों का सही उत्तर दिया था। | | छोड़ दिया | | उन छात्रों का प्रतिशत जिन्होंने प्रश्नों को छोड़ दिया था। |

प्रश्न संख्या	उत्तर	सही उत्तर / छोड़ दिया	प्रश्न संख्या	उत्तर	सही उत्तर / छोड़ दिया	प्रश्न संख्या	उत्तर	सही उत्तर / छोड़ दिया	प्रश्न संख्या	उत्तर	सही उत्तर / छोड़ दिया	प्रश्न संख्या	उत्तर	सही उत्तर / छोड़ दिया	प्रश्न संख्या	उत्तर	सही उत्तर / छोड़ दिया	प्रश्न संख्या	उत्तर	सही उत्तर / छोड़ दिया
1	C	64.11 % / 31.23 %	6	D	59.0 % / 33.12 %	11	A	66.66 % / 30.31 %	16	D	66.41 % / 30.71 %	21	C	63.95 % / 32.46 %	26	A	46.57 % / 45.86 %
2	B	66.29 % / 32.57 %	7	B	61.35 % / 30.82 %	12	C	63.96 % / 32.63 %	17	B	48.09 % / 41.84 %	22	A	59.26 % / 35.28 %	27	A	45.3 % / 46.73 %
3	C	51.07 % / 48.86 %	8	D	42.26 % / 41.76 %	13	B	61.08 % / 33.25 %	18	D	51.1 % / 48.79 %	23	C	58.34 % / 33.59 %	28	B	40.47 % / 38.11 %
4	C	66.36 % / 30.34 %	9	B	55.45 % / 41.8 %	14	B	63.86 % / 34.93 %	19	D	66.74 % / 31.58 %	24	A	63.61 % / 35.93 %	29	B	45.16 % / 36.11 %
5	D	61.52 % / 35.12 %	10	D	56.06 % / 40.64 %	15	B	46.61 % / 44.24 %	20	B	68.03 % / 30.71 %	25	B	53.17 % / 34.24 %	30	B	55.74 % / 32.97 %

//संकेत और समाधान//

1. अनिर्वचनीय- जिसका भाषा द्वारा वर्णन असंभव हो

अग्रणी- सबसे आगे रहने वाला

अतिशयोक्ति- अत्यधिक बढ़ा–चढ़ा कर कही गई बात

अग्रज- जो पहले जन्मा हो

अतः विकल्प (C) सही है।

2. 'नीचे की ओर लाना या खींचना' वाक्यांश के लिए एक शब्द 'अपकर्ष' है।

जो सामने न हो - अप्रत्यक्ष/परोक्ष

जिसकी आशा न की गई हो- अप्रत्याशित

जो प्रमाण से सिद्ध न हो सके- अप्रमेय
अतः विकल्प (B) सही है।

3. 'धनुष की प्रत्यंचा से उत्पन्न ध्वनि' के लिए उचित एक शब्द 'टंकार' होगा।

धनुष के लिए अन्य शब्द- धातु आदि की टन-टन, टनाका है। वह शब्द जो कसे हुए डोरे या तार आदि पर उँगली का आघात करने से होता है उसे टंकार कहते हैं।

अतः विकल्प (C) सही है।

4. 'औपचारिक' शब्द के लिए वाक्यांश 'जो मात्र शिष्टाचार, व्यावहारिकता के लिए हो' है। अन्य विकल्प अनुचित हैं।

(ऐसा आचरण या व्यवहार) जो वास्तविक या हार्दिक न हो, परन्तु केवल दिखाने भर के किया गया हो अथवा किसी नियम या रीति आदि के पालन स्वरूप किया गया हो।

अतः विकल्प (C) सही है।

5. कृतार्थ - अपना उदेश्य पूर्ण होने पर संतुष्ट

चिरप्रसन्न - जिसका चित्त प्रसन्न हो

कृतज्ञ - उपकार माननेवाला

आभारी - एहसान माननेवाला
अतः विकल्प (D) सही है।

6. अत्याज्य - जिसको त्यागा न जा सके

अकाट्य - जिसको काटा न जा सके

अनुरक्त - जिसका किसी में लगाव या प्रेम हो

अगाध - जो बहुत गहरा हो
अतः विकल्प (D) सही है।

7. 'वह साहित्य जिसमें गद्य और पद्य दोनों मिश्रित हों' के लिए एक शब्द 'चम्पू' होगा।

चम्पू श्रव्य काव्य का एक भेद है, अर्थात गद्य-पद्य के मिश्रित काव्य को चम्पू कहते हैं। गद्य तथा पद्य मिश्रित काव्य को "चंपू" कहते हैं।

अतः विकल्प (B) सही है।

8. 'घूमने - फिरने वाला साधु' के लिए एक शब्द 'परिव्राजक' होगा।

अन्य विकल्प:

एक शब्द	वाक्यांश
योगी	योग करने वाला व्यक्ति
तपस्वी	तपस्या करने वाला व्यक्ति

श्रमण	श्रम करने वाला व्यक्ति

अतः विकल्प (D) सही है।

9. 'आवश्यकता से अधिक धनसम्पत्ति एकत्र न करना' अपरिग्रह कहलाता है।

अस्तेय - चोरी न करना

कृपणता - कृपण होने की अवस्था या भाव

सदाचार - सदाचार चरित्र की पवित्रता को और शिष्टाचार व्यवहारिक कुशलता को प्रकट करता है।

अतः विकल्प (B) सही है।

10. दिए गए वाक्य का उपयुक्त एक शब्द होगा -

अपत - जिस पेड़ के पत्ते झड़ गये हों

अन्य शब्दो को अर्थ है-

प्रपर्ण - गिरा हुआ पत्ता

अपर्णा - वह जिसने पत्ते तक (खाने) छोड़ दिये

पत्रहीन - जो पल्लव रहित हो
अतः विकल्प (D) सही है।

11. खेचर - जो नभ में चलता है

खच्चर - घोड़े एवं गधे की मिश्रित संतान
अतः विकल्प (A) सही है।

12. अधिसूचना - वह सूचना जो सरकार की ओर से जारी हो

अधिनियम - विधायिका द्वारा स्वीकृत नियम

अध्यादेश - आदेश जो निश्चित अवधि तक लागू हो

अद्यतन - जो आज तक से सम्बन्ध रखता है
अतः विकल्प (C) सही है।

13. अन्यमनस्क - जिसका मन कहीं अन्यत्र लगा हो

अकिंचन - जिसके पास कुछ न हो अर्थात् दरिद्र

अलंघनीय - जिसे लाँघा न जा सके

अनिश्चित - जिसके बारे में कोई निश्चय न हो
अतः विकल्प (B) सही है।

14. अलोकज्ञ - जो बाह्य संसार के ज्ञान से अनभिज्ञ हो

अलौकिक - जो चीज इस संसार में न हो

अभेद्य - जिसको भेदा न जा सके

अनादि - जिसके आदि (प्रारम्भ) का पता न हो
अतः विकल्प (B) सही है।

15. अवर्णनीय - जिसका वर्णन न हो सके

अखंडनीय - जिसका खंडन न किया जा सके

अज्ञेय - जिसे जाना न जा सके

अनुपम - जिसकी कोई उपमा न हो
अतः विकल्प (B) सही है।

16. 'समुद्र में लगने वाली आग' वाक्यांश के लिए एक शब्द 'बड़वानल' है। वाक्यांश के लिए एक शब्द- एक वाक्य का अर्थ रखते हैं। भाषा में कई वाक्य के शब्दों के स्थान पर एक शब्द का प्रयोग बोलने में करते हैं हम भाषा को प्रभावशाली व आकर्षक बनाते हैं। यहां पर आने शब्दों के के लिए एक

शब्द का के अनेक उदाहरण पर विचार करेंगे।
अतः विकल्प (D) सही है।

17. 'हवन कुंड की अग्नि' वाक्यांश के लिए एक शब्द 'हावनाग्नि' है। वाक्यांश- एक वाक्य का अर्थ रखतें हैं। भाषा में कई वाक्य के शब्दों के स्थान पर एक शब्द का प्रयोग बोलने में करते हैं हम भाषा को प्रभावशाली व आकर्षक बनाते हैं। यहां पर आने शब्दों के के लिए एक शब्द का के अनेक उदाहरण पर विचार करेंगे।
अतः विकल्प (B) सही है।

18. उपर्युक्त में से वाक्यांश के लिए एक शब्द के जोड़े में से सही जोड़ा 'जिसका संबंध पृथ्वी से हो- पार्थिव' है। वाक्यांश- एक वाक्य का अर्थ रखतें हैं। भाषा में कई वाक्य के शब्दों के स्थान पर एक शब्द का प्रयोग बोलने में करते हैं हम भाषा को प्रभावशाली व आकर्षक बनाते हैं। यहां पर आने शब्दों के के लिए एक शब्द का के अनेक उदाहरण पर विचार करेंगे।
अतः विकल्प (D) सही है।

19. 'रंगमंच पर पर्दे के पीछे का स्थान' वाक्यांश के लिए एक शब्द 'नेपथ्य' है। वाक्यांश- एक वाक्य का अर्थ रखतें हैं। भाषा में कई वाक्य के शब्दों के स्थान पर एक शब्द का प्रयोग बोलने में करते हैं हम भाषा को प्रभावशाली व आकर्षक बनाते हैं। यहां पर आने शब्दों के के लिए एक शब्द का के अनेक उदाहरण पर विचार करेंगे।
अतः विकल्प (D) सही है।

20. 'जिसका विभाजन न किया गया हो' वाक्यांश के लिए एक शब्द 'अविभक्त' है। वाक्यांश- एक वाक्य का अर्थ रखतें हैं। भाषा में कई वाक्य के शब्दों के स्थान पर एक शब्द का प्रयोग बोलने में करते हैं हम भाषा को प्रभावशाली व आकर्षक बनाते हैं। यहां पर आने शब्दों के के लिए एक शब्द का के अनेक उदाहरण पर विचार करेंगे।
अतः विकल्प (B) सही है।

21. 'जो बात गूढ़ (रहस्यपूर्ण) हो' वाक्यांश के लिए एक शब्द 'गूढ़ोक्ति' है। वाक्यांश- एक वाक्य का अर्थ रखतें हैं। भाषा में कई वाक्य के शब्दों के स्थान पर एक शब्द का प्रयोग बोलने में करते हैं हम भाषा को प्रभावशाली व आकर्षक बनाते हैं। यहां पर आने शब्दों के के लिए एक शब्द का के अनेक उदाहरण पर विचार करेंगे।
अतः विकल्प (C) सही है।

22. 'ऊपर से नीचे की ओर आने वाला' वाक्यांश के लिए उचित शब्द 'अनुलोम' होगा। जो प्राकृतिक या प्रसम क्रम के ठीक विपरीत हो उसे प्रतिलोम कहते हैं। अनुलोम का विलोम शब्द भी प्रतिलोम होता है।

वाक्यांश- एक वाक्यांश एक वाक्य या खंड के भीतर एक सार्थक इकाई के रूप में काम कर रहे दो या दो से अधिक शब्दों का एक समूह है। एक वाक्यांश को आमतौर पर एक शब्द और एक खंड के बीच एक स्तर पर व्याकरणिक इकाई के रूप में वर्णित किया जाता है।
अतः विकल्प (A) सही है।

23. 'उच्छवास' के लिए उचित वाक्यांश 'ऊपर आने वाली श्वांस' होगा। उच्छवास का विलोम शब्द निःश्वांश होगा।

वाक्यांश- एक वाक्यांश एक वाक्य या खंड के भीतर एक सार्थक इकाई के रूप में काम कर रहे दो या दो से अधिक शब्दों का एक समूह है। एक वाक्यांश को आमतौर पर एक शब्द और एक खंड के बीच एक स्तर पर व्याकरणिक इकाई के रूप में वर्णित किया जाता है।
अतः विकल्प (C) सही है।

24. मनुष्य की साधारण मृत्यु के लिए एक शब्द 'प्रमीति' होगा। प्रमीति के अन्य अर्थ हैं- वध, हनन, नाश्।

वाक्यांश- एक वाक्यांश एक वाक्य या खंड के भीतर एक सार्थक इकाई के रूप में काम कर रहे दो या दो से अधिक शब्दों का एक समूह है। एक वाक्यांश को आमतौर पर एक शब्द और एक खंड के बीच एक स्तर पर व्याकरणिक इकाई के रूप में वर्णित किया जाता है।
अतः विकल्प (A) सही है।

25. 'जो खुशी के पीछे पागल हो - अनसूया' असंगत है। अनसूया के लिए उचित वाक्यांश - 'ईर्ष्या या द्वेष से रहित' होता है। जो खुशी के पीछे पागल हो उसके लिए एक शब्द 'अनुमत्त' होगा। अन्य विकल्प अपने सही क्रम हैं।

वाक्यांश- एक वाक्यांश एक वाक्य या खंड के भीतर एक सार्थक इकाई के रूप में काम कर रहे दो या दो से अधिक शब्दों का एक समूह है। एक वाक्यांश को आमतौर पर एक शब्द और एक खंड के बीच एक स्तर पर व्याकरणिक इकाई के रूप में वर्णित किया जाता है।
अतः विकल्प (B) सही है।

26. 'दिल बहलाव के लिए बातचीत करना' वाक्यांश के लिए उचित शब्द 'वाग्विलास' है। वाग्विलास का संधि विच्छेद 'वाक् + विलास' होगा। यह व्यंजन संधि का उदाहरण है। एक व्यंजन का अन्य किसी व्यंजन अथवा स्वर से मेल होने पर जो विकार (परिवर्तन) होता है, उसे व्यंजन संधि कहते हैं।

वाक्यांश- एक वाक्यांश एक वाक्य या खंड के भीतर एक सार्थक इकाई के रूप में काम कर रहे दो या दो से अधिक शब्दों का एक समूह है। एक वाक्यांश को आमतौर पर एक शब्द और एक खंड के बीच एक स्तर पर व्याकरणिक इकाई के रूप में वर्णित किया जाता है।
अतः विकल्प (A) सही है।

27. वाकबद्ध शब्द के लिए उचित वाक्यांश 'मौन या वचनबद्ध' होगा। पढ़े हुए पाठ को दोहराना के लिए एक शब्द होता है - आमोख्ता। जिस पर अपना अधिकार हो उसके लिए एक शब्द 'आत्मनीन' होगा। बार-बार होने का भाव के लिए एक शब्द 'आसेवन' होगा।

वाक्यांश- एक वाक्यांश एक वाक्य या खंड के भीतर एक सार्थक इकाई के रूप में काम कर रहे दो या दो से अधिक शब्दों का एक समूह है। एक वाक्यांश को आमतौर पर एक शब्द और एक खंड के बीच एक स्तर पर व्याकरणिक इकाई के रूप में वर्णित किया जाता है।
अतः विकल्प (A) सही है।

28. 'स्थानापन्न' के लिए उचित वाक्यांश 'दूसरे के स्थान पर अस्थायी काम करने वाला' होता है। स्थानापन्न का संधि विच्छेद स्थान + आपन्न (अ + आ = आ) होगा। यह दीर्घ संधि का उदाहरण है। जब दो शब्दों की संधि करते समय (अ, आ) के साथ (अ, आ) हो तो 'आ' बनता है, जब (इ, ई) के साथ (इ, ई) हो तो 'ई' बनता है, जब (उ, ऊ) के साथ (उ, ऊ) हो तो 'ऊ' बनता है। इस संधि को हम हस्व संधि भी कह सकते हैं।

वाक्यांश- एक वाक्यांश एक वाक्य या खंड के भीतर एक सार्थक इकाई के रूप में काम कर रहे दो या दो से अधिक शब्दों का एक समूह है। एक वाक्यांश को आमतौर पर एक शब्द और एक खंड के बीच एक स्तर पर व्याकरणिक इकाई के रूप में वर्णित किया जाता है।
अतः विकल्प (B) सही है।

29. 'जिसकी आशा न की जाये' वाक्यांश के लिए एक शब्द- 'अप्रत्याशित' है।

असमर्थ- जिसमें सामर्थ्य नहीं है

अपाठ्य- जिसे पढ़ा न जा सके

अभेद्य- जिसे भेदा (तोड़ा) न जो सके

अतः विकल्प (B) सही है।

30. युद्ध की इच्छा रखने वाला' वाक्यांश के लिए एक शब्द युयुत्सु है। अन्य विकल्प असंगत है।

जिज्ञासु- जो जानना चाहता हो

उत्सुक- जिसमें उत्कट इच्छा हो

पिपासु- पीने की इच्छा रखने वाला

अतः विकल्प (B) सही है।

Q.1 निम्नांकित में से अव्यय का कौन-सा भेद नहीं हैं ?

A. विस्मयादि बोधक
B. भावादि बोधक
C. समुच्चय बोधक
D. संबंध बोधक

Q.2 जो अव्यय क्रिया की विशेषता का बोध कराते हैं, उन्हें कहा जाता है -

A. क्रिया-विशेषण अव्यय
B. संबंधबोधक अव्यय
C. समुच्चयबोधक अव्यय
D. विस्मयादिबोधक अव्यय

Q.3 'अहा! क्या मौसम हैं।' में कौन-सा अव्यय है?

A. क्रिया-विशेषण अव्यय
B. संबंधबोधक अव्यय
C. समुच्चयबोधक अव्यय
D. विस्मयादिबोधक अव्यय

Q.4 'धन के बिना व्यवसाय चलाना कठिन है।' वाक्य में कौन-सा अव्यय है?

A. क्रिया-विशेषण अव्यय
B. संबंधबोधक अव्यय
C. समुच्चयबोधक अव्यय
D. विस्मयादिबोधक अव्यय

Q.5 'मैं और मेरी पुत्री एवं मेरे साथी सभी साथ थे।' वाक्य में कौन-सा अव्यय है?

A. समुच्चयबोधक अव्यय
B. संबंधबोधक अव्यय
C. क्रिया-विशेषण अव्यय
D. विस्मयादिबोधक अव्यय

Q.6 'नीता के बाद कोई भी कक्षा में नहीं आया।' इस वाक्य में कौन-सा अव्यय है?

A. क्रिया-विशेषण अव्यय
B. संबंधबोधक अव्यय
C. समुच्चयबोधक अव्यय
D. विस्मयादिबोधक अव्यय

Q.7 निम्नलिखित वाक्यों में से किसमें समुच्चय बोधक अव्यय का प्रयोग हुआ है?

A. रमेश धीरे-धीरे चलता है।
B. मैं पूजा से पहले भोजन नहीं करता।
C. मैं चलूँगा परन्तु खेलूँगा नहीं।
D. मैं नहीं जाऊँगा।

Q.8 'और' किस प्रकार का अव्यय है?

A. क्रिया-विशेषण
B. संबंधबोधक
C. समुच्चयबोधक
D. विस्मयादिबोधक

Q.9 तिरस्कार सूचक अव्यय है:

A. आह!
B. अरे!
C. छिः!
D. उफ़!

Q.10 'हमें सफलता मिलने तक प्रयास करना चाहिए' इस वाक्य में 'तक' है:

A. समुच्चयाबोधक अव्यय
B. क्रिया विशेषण अव्यय
C. संबन्धबोधक अव्यय
D. उपरोक्त में से कोई नहीं

Q.11 किस विकल्प में समुच्चयबोधक अव्यय शब्द है?

A. किन्तु
B. परन्तु
C. इसलिए
D. उपरोक्त सभी

Q.12 'धिक्कार है तुम्हें! ये कैसे कर दिया तुमने?' इस वाक्य में कौन-सा अव्यय होगा?

A. समुच्चयबोधक अव्यय
B. विस्मयादिबोधक अव्यय
C. क्रिया-विशेषण अव्यय
D. संबंध बोधक अव्यय

Q.13 निम्न वाक्य किस अव्यय से पूरा होगा:

आज धन ___ कोई नहीं पूछता।

A. के बिना
B. साथ
C. तक को
D. कहाँ

Q.14 निर्देश: उस सही विकल्प का चयन करें जो रेखांकित शब्दों का सही अव्यय का भेद हो:

आज <u>दिनभर</u> वर्षा होती रही।

A. क्रिया विशेषण अव्यय
B. सम्बन्ध बोधक अव्यय
C. समुच्चय बोधक अव्यय
D. विस्मयादिबोधक अव्यय

Q.15 माता जी खाना खिला रही थी तथा बच्चे खाना खा रहे थे। इस वाक्य में कौन-सा अव्यय होगा?

A. विस्मयादिबोधक अव्यय
B. क्रियाविशेषण अव्यय
C. समुच्चयबोधक अव्यय
D. संबंधबोधक अव्यय

Q.16 "हवा धीरे-धीरे बह रही है" वाक्य में कौन सा अव्यय है?

A. प्रकार बोधक अव्यय
B. परिणाम बोधक अव्यय
C. कारण बोधक अव्यय
D. स्वीकार बोधक अव्यय

Q.17 'वह आया और मैं चला गया।' इस वाक्य में कौन-सा अव्यय है?

A. सम्बन्धबोधक
B. विस्मयादिबोधक
C. समुच्ययबोधक
D. आदरबोधक

Q.18 निम्न में से कौन-सा उत्तर अव्यय के भेदों से असंगत है?

[Rajasthan Teachers Eligibility Test - Level 1 Primary Level (RTET), 2017]

A. क्रिया-विशेषण अव्यय
B. विसर्गबोधक अव्यय
C. संबंधबोधक अव्यय
D. समुच्चयबोधक अव्यय

Q.19 'छिः! छिः! यह गंदगी।' में कौन-सा अव्यय है?

A. क्रिया-विशेषण अव्यय
B. संबंधबोधक अव्यय
C. समुच्चयबोधक अव्यय
D. विस्मयादिबोधक अव्यय

Q.20 हथियाना, चिकनाना किस प्रकार की क्रिया है?

[UPSSSC Forest Guard, 2018]

A. नामधातु क्रिया
B. प्रेरणार्थक क्रिया
C. यौगिक क्रिया
D. संयुक्त क्रिया

Q.21 निम्नलिखित में कौन सा शब्द अव्यय है?

A. नीला
B. सुडौल
C. आगामी
D. तथा

Q.22 'तुम बाहर जाकर बैठो।' वाक्य में कौन-सा अव्यय है?

A. संबंधबोधक अव्यय
B. समुच्चयबोधक अव्यय
C. स्थानवाचक क्रिया-विशेषण अव्यय
D. विस्मयादिबोधक अव्यय

Q.23 इनमें किन शब्दों की गणना 'अव्यय' के अंतर्गत की जाती है?

[Rajasthan Police Sub Inspector, 2016]

A. क्रिया विशेषण शब्द
B. क्रिया शब्द
C. विशेषण शब्द
D. संज्ञा शब्द

Q.24 'बच्चे कटी पतंग की ओर दौड़ पड़े।' वाक्य में संबंधबोधक अव्यय का कौन सा भेद है?

A. कालवाचक
B. स्थानवाचक
C. दिशावाचक
D. परिमाणवाचक

Q.25 'तुम जाते हो कि मैं जाऊँ।' दिए गए इस वाक्य में कौन-सा अव्यय है?

A. क्रिया-विशेषण अव्यय
B. संबंधबोधक अव्यय

C. समुच्चयबोधक अव्यय   **D.** विस्मयादिबोधक अव्यय

Q.26 दिए गए वाक्य में अव्यय ज्ञात कीजिए।

तुम ध्यानपूर्वक पढ़ो।

A. कालवाचक अव्यय   **B.** रीतिवाचक अव्यय

C. स्थानवाचक अव्यय   **D.** परिमाणवाचक अव्यय

Q.27 नीचे दिए गए वाक्य में उचित अव्यय को पहचानिए।

मुकुंद यहाँ से चला गया।

A. संबंध बोधक अव्यय   **B.** समुच्चयबोधक अव्यय

C. क्रिया-विशेषण अव्यय   **D.** निपात अव्यय

Q.28 कौन सा विस्मयादिबोधक अव्यय नहीं है?

A. वाह   **B.** किन्तु   **C.** धिक्कार   **D.** अरे

Q.29 निम्नलिखित प्रश्न में, चार विकल्पों में से, उस विकल्प का चयन करें, जो रेखांकित शब्द के सही अव्यय का भेद हो:

ओह! कितनी ठंडी रात है।

A. संबंधबोधक अव्यय   **B.** क्रिया-विशेषण अव्यय

C. समुच्चयबोधक अव्यय   **D.** विस्मयादिबोधक अव्यय

Q.30 दिए गए विकल्पों में कौन सा शब्द अव्यय नहीं है:

A. इसलिए   **B.** तब   **C.** करो   **D.** तेज

// स्मार्ट उत्तर पुस्तिका //

सही उत्तर — उन छात्रों का प्रतिशत जिन्होंने प्रश्नों का सही उत्तर दिया था।

छोड़ दिया — उन छात्रों का प्रतिशत जिन्होंने प्रश्नों को छोड़ दिया था।

प्रश्न संख्या	उत्तर	सही उत्तर / छोड़ दिया	प्रश्न संख्या	उत्तर	सही उत्तर / छोड़ दिया	प्रश्न संख्या	उत्तर	सही उत्तर / छोड़ दिया	प्रश्न संख्या	उत्तर	सही उत्तर / छोड़ दिया	प्रश्न संख्या	उत्तर	सही उत्तर / छोड़ दिया	प्रश्न संख्या	उत्तर	सही उत्तर / छोड़ दिया
1	B	43.18 % / 30.88 %	6	B	62.58 % / 33.74 %	11	D	49.67 % / 49.89 %	16	A	57.19 % / 39.43 %	21	D	69.04 % / 30.79 %	26	B	62.82 % / 33.78 %
2	A	61.3 % / 35.73 %	7	C	69.09 % / 30.87 %	12	B	46.76 % / 45.1 %	17	C	53.3 % / 33.88 %	22	C	40.59 % / 57.83 %	27	C	61.95 % / 32.68 %
3	D	46.05 % / 32.76 %	8	C	50.32 % / 42.97 %	13	A	62.18 % / 37.05 %	18	B	66.76 % / 31.89 %	23	A	57.47 % / 39.09 %	28	B	68.44 % / 31.17 %
4	B	64.01 % / 34.43 %	9	C	49.16 % / 30.62 %	14	A	62.0 % / 36.97 %	19	D	46.87 % / 32.44 %	24	C	46.05 % / 51.91 %	29	D	64.35 % / 33.79 %
5	A	69.0 % / 30.01 %	10	C	59.97 % / 31.05 %	15	C	40.58 % / 58.51 %	20	A	59.92 % / 39.53 %	25	C	56.28 % / 36.06 %	30	C	51.22 % / 44.01 %

//संकेत और समाधान//

1. भावादि बोधक अव्यय का भेद नहीं हैं।

अव्यय :

जिन शब्दों के रूप में लिंग, वचन, कारक आदि के कारण कोई परिवर्तन नही होता है उन्हें अव्यय या अविकारी शब्द कहते है।

अन्य विकल्प सभी अव्यय के भेद है।

अत: विकल्प (B) सही है।

2. 'जो अव्यय क्रिया की विशेषता का बोध कराते हैं, उन्हें क्रिया-विशेषण अव्यय कहा जाता है।

अव्यय :

जिन शब्दों के रूप में लिंग, वचन, कारक आदि के कारण कोई परिवर्तन नही होता है उन्हें अव्यय या अविकारी शब्द कहते है।

अत: विकल्प (A) सही है।

3. 'अहा! क्या मौसम हैं।', में विस्मयादिबोधक अव्यय है।

जिन अव्यय शब्दों से हर्ष, शोक, विस्मय, ग्लानि, लज्जा, घृणा, दुःख, आश्चर्य आदि के भाव का पता चलता है, उन्हें विस्मयादिबोधक अव्यय कहते हैं। इनका संबंध किसी पद से नहीं होता है। उपरोक्त वाक्य में मौसम के लिए विस्मय का भाव है, इसलिए, यहाँ विस्मयादिबोधक अव्यय है।

अत: विकल्प (D) सही है।

4. 'धन के बिना व्यवसाय चलाना कठिन है।' वाक्य में संबंधबोधक अव्यय है।

जहाँ पर बाद, भर, के ऊपर, की और, कारण, ऊपर, नीचे, बाहर, भीतर, बिना, सहित, पीछे, से पहले, से लेकर, तक, के अनुसार, की खातिर, के लिए जैसे शब्द आते हैं, वहाँ पर संबंधबोधक अव्यय होता है।

अत: विकल्प (B) सही है।

5. 'मैं और मेरी पुत्री एवं मेरे साथी सभी साथ थे।' वाक्य में समुच्चयबोधक अव्यय है।

- जिन शब्दों से समान अधिकार के अंशों के जुड़ने का पता चलता है उन्हें समानाधिकरण समुच्चयबोधक अव्यय कहते हैं।
- जहाँ पर किन्तु और, या, अथवा, तथा, परन्तु, व, लेकिन, इसलिए, अत:, एवं आते हैं, वहाँ पर समानाधिकरण समुच्चयबोधक अव्यय होता है।

अत: विकल्प (A) सही है।

6. 'नीता के बाद कोई भी कक्षा में नहीं आया।' इस वाक्य में संबंधबोधक अव्यय है।

- जहां पर बाद, भर, के ऊपर, की ओर, कारण, ऊपर, नीचे, बाहर, भीतर, बिना, सहित, पीछे, से पहले, से लेकर, तक, के अनुसार, की खातिर, के लिए आदि शब्द आते हैं, वहाँ 'संबंधबोधक अव्यय' होता है।
- 'नीता के बाद कोई भी कक्षा में नहीं आया।' इस वाक्य में 'बाद' शब्द 'संबंधबोधक' है।

अत: विकल्प (B) सही है।

7. "मैं चलूँगा परन्तु खेलूँगा नहीं।" इस वाक्य में समुच्चय बोधक अव्यय का प्रयोग हुआ है। अन्य विकल्प असंगत है।

- रमेश धीरे-धीरे चलता है। - क्रियाविशेषण
- मैं पूजा से पहले भोजन नहीं करता। - कालवाचक क्रिया-विशेषण

- मैं नहीं जाऊँगा। - निषेधवाचक क्रिया-विशेषण

अत: विकल्प (C) सही है।

8. दिये गए विकल्पों में 'और' शब्द 'समुच्चयबोधक' अव्यय है।

दो शब्दों या वाक्यों को जोड़ने वाले संयोजक शब्द को समुच्चयबोधक अव्यय कहते हैं।

उदाहरण - वह दफ्तर से आया और सो गया।

अत: विकल्प (C) सही है।

9. 'छि:!' तिरस्कार सूचक अव्यय है।

- जिन अव्यय शब्दों से घृणा के भाव का बोध हो, वहां तिरस्कार सूचक अव्यय होता है।
- इसमें छि:, धिक्, धत, धिक्कार आदि अव्यय आते हैं।

अत: विकल्प (C) सही है।

10. 'हमें सफलता मिलने तक प्रयास करना चाहिए' इस वाक्य में 'तक' 'सम्बन्धबोधक अव्यय' है।

सम्बन्धबोधक अव्यय - जो अव्यय किसी संज्ञा या सर्वनाम के बाद आकर उस संज्ञा या सर्वनाम का संबंध वाक्य के दूसरे शब्दों में बताता है, उन्हें संबंध बोधक अव्यय कहते है। जैसे – बाद, भर, के ऊपर, कारण आदि।

अत: विकल्प (C) सही है।

11. जहाँ पर और, तथा, लेकिन, मगर, व, किन्तु, परन्तु, इसलिए, इस कारण, इसलिए, क्योंकि, ताकि, या, अथवा, चाहे, यदि, कि, मानो, आदि, यानि, तथापि आते हैं वहाँ पर समुच्चयबोधक अव्यय होता है।

अत: विकल्प (D) सही है।

12. जिन वाक्यों में घृणा, हर्ष, शोक, आश्चर्य के भाव प्रकट हों और साथ ही उसमें विस्मयादिबोधक (!) चिह्न का प्रयोग किया गया हो, वहाँ विस्मयादिबोधक अव्यय होता है। इसलिए, 'धिक्कार है तुम्हें! ये कैसे कर दिया तुमने?' इस वाक्य में 'विस्मयादिबोधक अव्यय' होगा।

अत: विकल्प (B) सही है।

13. आज धन **के बिना** कोई नहीं पूछता।

अव्यय उन्हें कहते हैं जिनमें लिंग, कारक, पुरुष, वचन, के कारण कोई विकार नहीं आता। यह शब्द सदा अपने मूल रूप में ही रहते हैं। दिए गए वाक्य में पहला विकल्प अर्थ की स्पष्टी कर रहा है और पहला विकल्प ही पूर्णत: अव्यय है।

अत: विकल्प (A) सही है।

14. उपर्युक्त विकल्पों में से सही विकल्प (A) क्रिया-विशेषण अव्यय है।

'आज दिनभर वर्षा होती रही।' वाक्य में 'दिनभर' शब्द क्रिया की विशेषता बता रहा है।

यहाँ पर कालवाचक क्रिया-विशेषण का प्रयोग हुआ है क्योंकि यहाँ क्रिया के होने का समय पता चल रहा है।

जैसे- वर्षा दिनभर होती रही।

अत: विकल्प (A) सही है।

15. 'माता जी खाना खिला रही थी तथा बच्चे खाना खा रहे थे।' वाक्य में समुच्चयबोधक अव्यय है।

'समुच्चयबोधक अव्यय' अर्थात 'जो अव्यय दो शब्दों या दो वाक्यों को मिलाते हैं' उक्त वाक्य में दो उपवाक्यों को 'तथा' योजक के द्वारा जोड़ा गया है। इसीलिए यहाँ 'समुच्चयबोधक अव्यय' है।

अत: विकल्प (C) सही है।

16. "हवा धीरे-धीरे बह रही है" वाक्य में प्रकार बोधक अव्यय है।

प्रकार बोधक अव्यय: अचानक, धीरे-धीरे, स्वयं, स्वतः, यथाशक्ति, ऐसे, वैसे, यथा, तथा, सहसा, अनायास, सहज, साक्षात, येन केन प्रकारेण इत्यादि।

अतः विकल्प (A) सही है।

17. 'वह आया और मै चला गया।' इस वाक्य में 'और' शब्द दो वाक्यों का समुच्चय करा रहा है इसलिए यहाँ समुच्चयबोधक अव्यय है।

दो शब्दों या वाक्यों को जोड़ने वाले संयोजक शब्द को समुच्चयबोधक अव्यय कहते हैं। जहाँ पर और, तथा, लेकिन, मगर, व, किन्तु, परन्तु, इसलिए, इस कारण, अतः, क्योंकि, ताकि, या, अथवा, चाहे, यदि, कि, मानो, आदि, यानि, तथापि आते हैं वहाँ पर समुच्चयबोधक अव्यय होता है।

अतः विकल्प (C) सही है।

18. 'विसर्गबोधक अव्यय', अव्यय का भेद नहीं है।

अव्यय के पांच भेद होते हैं -

- क्रिया-विशेषण
- संबंधबोधक
- समुच्चयबोधक
- विस्मयादिबोधक
- निपात

अतः विकल्प (B) सही है।

19. 'छिः! छिः! यह गंदगी।' में विस्मयादिबोधक अव्यय है।

- जिन अव्यय शब्दों से हर्ष, शोक, विस्मय, ग्लानि, लज्जा, घृणा, दुःख, आश्चर्य आदि के भाव का पता चलता है, उन्हें विस्मयादिबोधक अव्यय कहते हैं।
- इनका संबंध किसी पद से नहीं होता है।
- विस्मयादिबोधक अव्यय में विस्मयादिबोधक चिह्न (!) लगाया जाता है।

अतः विकल्प (D) सही है।

20. दिए गए विकल्पों में से 'हथियाना, चिकनाना' शब्द नामधातु क्रिया है। अन्य सभी विकल्प असंगत है।

हथियाना, चिकनाना = नामधातु क्रिया

संज्ञा, सर्वनाम, विशेषण इत्यादि से बननेवाली क्रिया को नामधातु क्रिया कहते हैं।

अतः विकल्प (A) सही है।

21. 'तथा' शब्द अव्यय का उदाहरण है।

अन्य सभी विकल्प असंगत है।

शेष विकल्प "नीला, सुडौल तथा आगामी" विशेषण के उदाहरण है।

अतः विकल्प (D) सही है।

22. 'तुम बाहर जाकर बैठो।' वाक्य में स्थानवाचक क्रिया-विशेषण है।

'बाहर, भीतर, इधर, उधर' आदि शब्द वाक्य में क्रिया के होने का स्थान बताते हैं। यहाँ पर वाक्य- 'तुम बाहर जाकर बैठो।' में 'बाहर' शब्द, स्थान का बोध करा रहा है, इसलिए, यहाँ पर स्थानवाचक क्रिया-विशेषण अव्यय है।

अतः विकल्प (C) सही है।

23. क्रिया विशेषण शब्द' की गणना 'अव्यय' के अंतर्गत की जाती है।

क्रिया विशेषण शब्द- वह शब्द जो हमें क्रियाओं की विशेषता का बोध कराते हैं वे शब्द क्रिया विशेषण कहलाते हैं।

जैसे- हिरण तेज़ भागता है। इस वाक्य में भागना क्रिया है। तेज़ शब्द हमें क्रिया कि विशेषता बता रहा है कि वह कितनी तेज़ भाग रहा है। इसलिए तेज़ शब्द क्रिया विशेषण है।

अतः विकल्प (A) सही है।

24. 'बच्चे कटी पतंग की ओर दौड़ पड़े।' वाक्य में संबंधबोधक अव्यय का दिशावाचक भेद है।

अतः विकल्प (C) सही है।

25. उपर्युक्त वाक्य 'तुम जाते हो कि मैं जाऊँ।' इस वाक्य में 'कि' शब्द के योग से 'समुच्चयबोधक अव्यय' होगा।

जहां पर और, तथा, लेकिन, मगर, व, किंतु, परंतु, इसलिए, इस कारण, अतः, क्योंकि, ताकि, या, अथवा, चाहे, यदि, कि, मानो आदि, यानि, तथापि आते हैं, 'समुच्चयबोधक अव्यय' होता है।

अतः विकल्प (C) सही है।

26. रीतिवाचक- ऐसे क्रियाविशेषण शब्द जो किसी क्रिया के होने की विधि या तरीके का बोध कराते हैं, वे शब्द रीतिवाचक क्रिया विशेषण कहलाते हैं। जैसे- तुम ध्यानपूर्वक पढ़ो।, वह चुपके से चला।

अतः विकल्प (B) सही है।

27. जिन शब्दों से क्रिया की विशेषता का पता चले, वहाँ क्रिया विशेषण अव्यय होता है।

जहाँ पर यहाँ, तेज, अब, रात, धीरे-धीरे, प्रतिदिन, सुंदर, वहाँ, तक, जल्दी, अभी, बहुत शब्द आते हैं, वहाँ क्रिया-विशेषण होता है। 'मुकुंद यहाँ से चला गया।' इस वाक्य में 'यहाँ' शब्द के कारण क्रिया-विशेषण होगा।

अतः विकल्प (C) सही है।

28. दिए गए विकल्पों में 'किन्तु' शब्द विस्मयादिबोधक शब्द नहीं बल्कि समुच्चयबोधक शब्द है।

अन्य सभी शब्द विस्मयादिबोधक शब्द हैं।

जो शब्द सुख-दुःख, घृणा आदि मनोभावों को सूचित करते हैं विस्मयादिबोधक अव्यय होते हैं।

वाह - हर्षबोधक शब्द

धिक्कार - तिरस्कारबोधक शब्द

अरे - भावबोधक शब्द

अतः विकल्प (B) सही है।

29. 'ओह! कितनी ठंडी रात है।' में रेखांकित शब्द 'विस्मयादिबोधक अव्यय' है।

जिन वाक्यों में घृणा, हर्ष, शोक, आश्चर्य के भाव प्रकट हों। इसमें विस्मयादिबोधक (!) चिह्न का प्रयोग किया जाता है।

उदाहरण - वाह! तुमने तो कमाल कर दिया।

अतः विकल्प (D) सही है।

30. दिए गए विकल्पों में 'करो' शब्द अव्यय नहीं 'क्रिया' है।

अव्यय का शाब्दिक अर्थ होता है – जो व्यय न हो।

जिनके रूप में लिंग, वचन, पुरुष, कारक, काल आदि की वजह से कोई परिवर्तन नहीं होता उसे अव्यय शब्द कहते हैं।

अव्यय शब्द हर स्थिति में अपने मूल रूप में रहते हैं।

इन शब्दों को अविकारी शब्द भी कहा जाता है।

जैसे :- जब , तब , अभी ,अगर , वह, वहाँ , यहाँ , इधर , उधर , किन्तु , परन्तु , बल्कि , इसलिए , अतएव , अवश्य , तेज , कल , धीरे , लेकिन , चूँकि , क्योंकि आदि।

अतः विकल्प (C) सही है।

Q.1 दिए गए विकल्पों में से एकता का विलोम क्या होगा?
A. अनेकता   B. बहुल   C. अनैक्य   D. अनेक

Q.2 दिए गए विकल्पों में से औपचारिक का विलोम क्या होगा?
A. अनौचित्य   B. अनौपचारिक
C. ओजस्वी   D. औपन्यासिक

Q.3 दिए गए विकल्पों में से इति का विलोम क्या होगा?
A. अथ   B. अलम   C. अनीश   D. अनिष्ट

Q.4 दिए गए विकल्पों में से स्थूल का विलोम क्या होगा?
A. सरस   B. सूक्ष्म   C. सुगंध   D. समास

Q.5 दिए गए विकल्पों में से प्रशंसा का विलोम क्या होगा?
A. घृणा   B. अपमान   C. निंदा   D. उत्थान

Q.6 निर्देश: निम्नलिखित प्रश्न में दिए गए शब्द के लिए सटीक विलोम शब्द का चयन कीजिए-
'ईप्सित'
A. अभिप्सित   B. अनीप्सित   C. परोप्सित   D. सुनीप्सित

Q.7 निर्देश: निम्नलिखित प्रश्नों में दिए गए शब्द के लिए सटीक विलोम शब्द का चयन कीजिए-
'अज्ञ'
A. विज्ञ   B. यज्ञ   C. सर्वज्ञ   D. अनज्ञ

Q.8 निर्देश: निम्नलिखित प्रश्नों में दिए गए शब्द के लिए सटीक विलोम शब्द का चयन कीजिए-
'प्रस्थान'
A. आगमन   B. गमनागमन   C. निगम   D. निर्गम

Q.9 'भोगी' का विलोम शब्द है:
A. भद्र   B. अभोक्ता   C. योगी   D. भोग्य

Q.10 निम्नलिखित में से 'अल्प' का उचित विलोम शब्द नहीं है:
A. प्रचुर   B. अधिक   C. अपार   D. अयोग्य

Q.11 दिए गए विकल्पों में से 'प्रखर' का विलोम शब्द है?
A. अल्प   B. मंद   C. निवृत्ति   D. पापी

Q.12 'म्लान' का विलोम शब्द है:
A. नुकसान   B. फैलना   C. मुक्त   D. प्रफुल्ल

Q.13 'ग्रामीण' का विलोम है:
A. नागर   B. नगर   C. देशी   D. विदेश

Q.14 'रीझना' शब्द का विलोम है:
A. खुश   B. खीझना   C. खेचर   D. खिला

Q.15 'तिमिर' का विलोम शब्द है:
A. आकार   B. आर्ति   C. आलोक   D. आहत

Q.16 'खिन्न' का विलोम शब्द है:
A. निराश   B. मुदित   C. वेदना   D. समर्थ

Q.17 'सदय' का विलोम शब्द है:
A. कोमल   B. प्रेमी   C. क्रूर   D. निर्दय

Q.18 दिए गए विकल्पों में से 'अर्थ' का विलोम क्या होगा?
A. धन   B. अनर्थ   C. आय   D. अनेक

Q.19 'वृद्धि' शब्द का उचित विलोम है?
A. बुद्धि   B. क्षय   C. अल्प   D. बड़ा

Q.20 'अमर' शब्द का विलोम है:
A. मृतक   B. मृत्यु   C. मरण   D. मर्त्य

Q.21 'उपकार' शब्द का विलोम है:
A. विकार   B. अनुपकार   C. अपकार   D. तिरस्कार

Q.22 'आविर्भाव' शब्द का विलोम है:
A. अनाविर्भाव   B. विभाव   C. अविर्भाव   D. तिरोभाव

Q.23 'उक्त' शब्द का विलोम है:
A. अनुक्त   B. उपयुक्त   C. अनुपयुक्त   D. उपर्युक्त

Q.24 'उत्कर्ष' शब्द का विलोम है:
A. अकर्ष   B. अनुत्कर्ष   C. अपकर्ष   D. आकर्ष

Q.25 दिए गए विकल्पों में से 'घमंडी' का विलोम क्या होगा ?
A. सामान्य   B. मिलन   C. विनयी   D. कृतज्ञ

Q.26 दिए गए विकल्पों में से 'लिप्त' का विलोम क्या होगा ?
A. व्यक्त   B. निर्लिप्त   C. लघु   D. समाहित

Q.27 रेखांकित छपे शब्द के लिए अपयुक्त विलोम शब्द का चयन करो -
वह अपने विषय का पूर्ण " अभिज्ञ " है-
A. सर्वज्ञ   B. अल्पज्ञ   C. अनभिज्ञ   D. विज्ञ

Q.28 'अनाथ' का विलोम शब्द है-
A. धनी   B. सनाथ   C. निर्धन   D. वेकार

Q.29 दिए गए विकल्पों में से 'अकाल' का विलोम क्या होगा ?
A. मृत्यु   B. सुकाल   C. दीर्घकाल   D. जीवन

Q.30 दिए गए विकल्पों में से 'वेदना' का विलोम क्या होगा ?
A. हर्ष   B. वरदान   C. स्तुति   D. मृदु

// स्मार्ट उत्तर पुस्तिका //

सही उत्तर — उन छात्रों का प्रतिशत जिन्होंने प्रश्नों का सही उत्तर दिया था।   **छोड़ दिया** — उन छात्रों का प्रतिशत जिन्होंने प्रश्नों को छोड़ दिया था।

प्रश्न संख्या	उत्तर	सही उत्तर / छोड़ दिया	प्रश्न संख्या	उत्तर	सही उत्तर / छोड़ दिया	प्रश्न संख्या	उत्तर	सही उत्तर / छोड़ दिया	प्रश्न संख्या	उत्तर	सही उत्तर / छोड़ दिया	प्रश्न संख्या	उत्तर	सही उत्तर / छोड़ दिया	प्रश्न संख्या	उत्तर	सही उत्तर / छोड़ दिया
1	B	65.54 % / 33.36 %	6	B	61.74 % / 32.92 %	11	B	47.16 % / 47.23 %	16	B	43.91 % / 31.81 %	21	C	66.72 % / 32.18 %	26	B	64.99 % / 30.63 %
2	B	53.96 % / 40.5 %	7	A	56.66 % / 32.78 %	12	D	55.49 % / 34.87 %	17	D	54.15 % / 33.3 %	22	D	48.85 % / 38.09 %	27	C	63.79 % / 33.57 %
3	A	48.86 % / 38.12 %	8	A	48.49 % / 31.39 %	13	A	54.75 % / 31.45 %	18	B	69.32 % / 30.35 %	23	A	57.06 % / 34.74 %	28	B	67.05 % / 32.78 %
4	B	54.75 % / 37.18 %	9	C	63.57 % / 36.09 %	14	B	46.67 % / 53.28 %	19	B	69.71 % / 30.09 %	24	C	43.95 % / 53.0 %	29	B	64.49 % / 31.98 %
5	C	55.77 % / 37.47 %	10	D	49.53 % / 36.39 %	15	C	61.5 % / 35.6 %	20	D	47.92 % / 46.25 %	25	C	67.26 % / 31.96 %	30	A	49.25 % / 32.69 %

//संकेत और समाधान//

1. उपर्युक्त विकल्पों में से विकल्प (A) 'अनेकता' इसका सही उत्तर है। अन्य विकल्प इसके सही उत्तर नहीं हैं।

एकता का अर्थ - मेल जोल

अनेकता का अर्थ - विविधता
अतः विकल्प (B) सही है।

2. उपर्युक्त विकल्पों में से विकल्प (B) 'अनौपचारिक' इसका सही उत्तर है। अन्य विकल्प इसके सही उत्तर नहीं हैं।

औपचारिक का अर्थ - रूपात्मक

अनौपचारिक का अर्थ - अरूपात्मक
अतः विकल्प (B) सही है।

3. उपर्युक्त विकल्पों में से विकल्प (A) 'अथ' इसका सही उत्तर है। अन्य विकल्प इसके सही उत्तर नहीं हैं।

इति का अर्थ - अंत

अथ का अर्थ - आरंभ
अतः विकल्प (A) सही है।

4. उपर्युक्त विकल्पों में से विकल्प (B) 'सूक्ष्म' इसका सही उत्तर है। अन्य विकल्प इसके सही उत्तर नहीं हैं।

स्थूल का अर्थ - मोटा

सूक्ष्म का अर्थ - बारीक
अतः विकल्प (B) सही है।

5. उपर्युक्त विकल्पों में से विकल्प (C) 'निंदा' इसका सही उत्तर है। अन्य विकल्प इसके सही उत्तर नहीं हैं।

प्रशंसा का अर्थ - तारीफ़

निंदा का अर्थ - बुराई
अतः विकल्प (C) सही है।

6. 'ईप्सित' का विलोम शब्द अनीप्सित होता है। किसी शब्द का विपरीत या उल्टा अर्थ देने वाले शब्द को विलोम शब्द कहते हैं। सरल भाषा में कहा जाए तो एक-दूसरे के विपरीत या उल्टा अर्थ देने वाले विलोम या विपरीतार्थक शब्द कहलाते हैं। विपरीतार्थक शब्दों को प्रतिलोमार्थक, विपर्यायवाची और विलोम शब्द भी कहते हैं।
अतः विकल्प (B) सही है।

7. 'अज्ञ' का विलोम शब्द विज्ञ होता है। विपरीत अर्थ में प्रयुक्त होने वाले शब्दों को विलोम शब्द अथवा विपरीतार्थक शब्द कहा जाता है। दूसरे अर्थ में वे शब्द जो अपने सामने वाले शब्द के सर्वदा विपरीत अर्थ प्रकट करता हो उसे विलोम शब्द कहा जाता है। जैसे - आदि का अंत, आदर का निरादर, आहार का निराहार विलोम अर्थात् विपरीतार्थक शब्दों में यह थ्यान रखा जाता है कि यदि कोई शब्द संज्ञा पद का है तो उसका विलोम भी संज्ञा पद के आधार पर ही होना चाहिए। उसी आधार पर विशेषण का विलोम विशेषण पद, क्रिया का विलोम क्रियापद, क्रियाविशेषण का विलोम क्रियाविशेषण पद ही होता है।
अतः विकल्प (A) सही है।

8. 'प्रस्थान' का विलोम शब्द आगमन होता है। एक स्थान से दूसरे स्थान को जाने की क्रिया को प्रस्थान कहते है।
अतः विकल्प (A) सही है।

9. 'भोगी' का उचित विलोम शब्द 'योगी' होगा।

भोगी विशेषण शब्द है जिसका अर्थ होता है - भोगनेवाला, इंद्रिय सुखभोग की इच्छा करनेवाला, विषयासक्त, विषयी, व्यसनी।

योगी का अर्थ है आत्मज्ञानी, योग साधना करने वाला व्यक्ति।

अतः विकल्प (C) सही है।

10. 'अल्प' का उचित विलोम शब्द 'अयोग्य' नहीं है।

अयोग्य का विलोम शब्द 'योग्य होता है।

अन्य सभी शब्द इसके उचित विलोम होंगे।

'अयोग्य' में 'अ' उपसर्ग है और 'योग्य' मूल शब्द है।

अल्प के अन्य विलोम शब्द हैं- अनल्प, महा, बहु, अति आदि।

अतः विकल्प (D) सही है।

11. 'प्रखर' का उचित विलोम शब्द 'मंद' है।

प्रखर के पर्यायवाची शब्द हैं- उत्तुंग, उत्कृष्ट, ऊँचा, उत्तम, श्रेष्ठ, बुलंद, उन्नत।

मंद के पर्यायवाची शब्द हैं - धीमा, सुस्त, ढीला।

प्रखर दो शब्दों के योग से अर्थात 'प्र + खर' से बना है।

अतः विकल्प (B) सही है।

12. 'म्लान' का उचित विलोम शब्द 'प्रफुल्ल' होता है।

म्लान के पर्यायवाची शब्द हैं - मलिन, मैला, गंदा, दूषित।

प्रफुल्ल विशेषण शब्द है जिसका अर्थ है - खिला हुआ, विकसित, जिसमें फूल लगे हों, प्रसन्न।

अतः विकल्प (D) सही है।

13. 'ग्रामीण' का उचित विलोम शब्द 'नागर' होगा।

नागर का अर्थ 'नगर का या नगर में रहने वाला' होता है।

ग्रामीण के पर्यायवाची शब्द - ग्राम्य, ग्रामवासी, देहाती होता है।

'ग्रामीण' शब्द तद्धित प्रत्यय का उदाहरण है।

इसका मूल शब्द 'ग्राम' है अर्थात् 'ग्राम + ईन = ग्रामीण' ।

शब्दों के पश्चात जो अक्षर या अक्षर समूह लगाया जाता है उसे प्रत्यय कहते हैं।

अतः विकल्प (A) सही है।

14. 'रीझना' शब्द का उचित विलोम शब्द 'खीझना' है।

'रीझना' अकर्मक क्रिया है जिसका अर्थ है - मुग्ध होना या प्रसन्न होना।

'खीझना' शब्द भी अकर्मक क्रिया है, जिसका अर्थ है -झुँझलाना, चिढ़ना, कुढ़ना।

अतः विकल्प (B) सही है।

15. 'तिमिर' शब्द का उचित विलोम शब्द 'आलोक' होगा।

आलोक के पर्यायवाची शब्द हैं - आभा, नूर, कांति, तेज, प्रकाश।

'लोक' शब्द में 'आ' उपसर्ग के योग से 'आलोक' शब्द बना है।

तिमिर के पर्यायवाची शब्द हैं - अँधेरा, तम, अंधकार।

अतः विकल्प (C) सही है।

16. 'खिन्न' का उचित विलोम शब्द 'मुदित' है।

मुदित के पर्यायवाची हैं - प्रसन्न, प्रफुल्लित, हर्षित, खुश।

खिन्न के पर्यायवाची शब्द हैं - व्यथित, चिंतित, विकल, व्यग्र, व्याकुल, आकुल, दुःखी, उदास, निरानंद, विषण्ण, म्लान, अन्यमनस्क, अप्रसन्न।

अतः विकल्प (B) सही है।

17. 'सदय' का विलोम शब्द 'निर्दय' है।

सदय के पर्यायवाची शब्द हैं- दयावान, दयालु, दयापूर्ण।

निर्दय के पर्यायवाची शब्द हैं- निष्ठुर, दयाहीन, क्रूर, बेदर्द, बेरहम, संगदिल, अविनीत, जल्लाद।

अतः विकल्प (D) सही है।

18. 'अर्थ' का उचित विलोम शब्द 'अनर्थ' है।

अर्थ के पर्यायवाची शब्द हैं- तात्पर्य, मायने, मतलब, अभिप्राय, आशय।

अतः विकल्प (B) सही है।

19. 'वृद्धि' शब्द का उचित विलोम शब्द 'क्षय' होगा।

'वृद्धि' शब्द का अर्थ है 'अभ्युदय, समृद्धि।' और 'क्षय' का अर्थ है 'नाश' या क्षय रोग।

अतः विकल्प (B) सही है।

20. अमर- न मरने वाला, अविनाशी

मृतक - मृत शरीर

मृत्यु - मौत, मरण

मरण - मरना, मृत्यु

मर्त्य - मरणशील

अतः विकल्प (D) सही है।

21. उपकार - भलाई, सहायता

विकार - रूप, धर्म आदि का स्वाभाविक परिवर्तन

अनुपकार - उपकार का अभाव, हानि

अपकार - उपकार का उल्टा, बुराई

तिरस्कार - अपमान, अनादर

अतः विकल्प (C) सही है।

22. आविर्भाव का अर्थ - प्रकट होना, उत्पत्ति

तिरोभाव का अर्थ - अदृश्य होने का भाव या अवस्था, अंतर्धान, लोप

अतः विकल्प (D) सही है।

23. उक्त का अर्थ - कहा हुआ, कथित

अनुक्त का अर्थ - जो उक्त अर्थात कहा हुआ न हो, बिना कहा हुआ, अकथित

अतः विकल्प (A) सही है।

24. उत्कर्ष का अर्थ - ऊपर खींचना, उन्नति

अपकर्ष का अर्थ - अवनति. उतार, ह्रास

अतः विकल्प (C) सही है।

25. 'घमंडी' शब्द का उचित विलोम शब्द 'विनयी' होगा।

'घमंडी' अर्थात- घमंड करने वाला, अभिमानी, अहंकारी।

विनयी अर्थात- विनयशील।

विलोम/ विपरीतार्थक शब्द- विपरीत (उल्टा) अर्थ बताने वाले शब्दों को विलोम शब्द कहते हैं। विलोम शब्दों को प्रतिलोमार्थक और विपरीतार्थक शब्द भी कहते हैं।

अतः विकल्प (C) सही है।

26. 'लिप्त' शब्द का विलोम शब्द 'निर्लिप्त' होगा।

'लिप्त' शब्द का अर्थ है- 1.किसी कार्य में डूबा हुआ, रमा हुआ, लीन 2. शामिल, मिला हुआ। '

'निर्लिप्त' शब्दि का अर्थ है- संबंध विहीन।

विलोम/ विपरीतार्थक शब्द- विपरीत (उल्टा) अर्थ बताने वाले शब्दों को विलोम शब्द कहते हैं। विलोम शब्दों को प्रतिलोमार्थक और विपरीतार्थक शब्द भी कहते हैं।

अतः विकल्प (B) सही है।

27. 'अभिज्ञ' शब्द का विलोम शब्द 'अनभिज्ञ' होगा।

विलोम/ विपरीतार्थक शब्द- विपरीत (उल्टा) अर्थ बताने वाले शब्दों को विलोम शब्द कहते हैं। विलोम शब्दों को प्रतिलोमार्थक और विपरीतार्थक शब्द भी कहते हैं।

अतः विकल्प (C) सही है।

28. 'अनाथ' का विलोम शब्द 'सनाथ' होगा।

विलोम/ विपरीतार्थक शब्द- विपरीत (उल्टा) अर्थ बताने वाले शब्दों को विलोम शब्द कहते हैं। विलोम शब्दों को प्रतिलोमार्थक और विपरीतार्थक शब्द भी कहते हैं।

अतः विकल्प (B) सही है।

29. 'अकाल' शब्द का विलोम शब्द 'सुकाल' होगा।

'अकाल' का अर्थ होता है- भुखमरी या अशुभ समय।

'सुकाल' का मतलब है- अच्छा या शुभ समय।

विलोम/ विपरीतार्थक शब्द- विपरीत (उल्टा) अर्थ बताने वाले शब्दों को विलोम शब्द कहते हैं। विलोम शब्दों को प्रतिलोमार्थक और विपरीतार्थक शब्द भी कहते हैं।

अतः विकल्प (B) सही है।

30. 'वेदना का सही विलोम शब्द 'हर्ष' होगा।

'वेदना' का अर्थ- दुःख, उदासी, विषाद या अवसाद होता है।

'हर्ष' से आशय है- खुशी।

विलोम/ विपरीतार्थक शब्द- विपरीत (उल्टा) अर्थ बताने वाले शब्दों को विलोम शब्द कहते हैं। विलोम शब्दों को प्रतिलोमार्थक और विपरीतार्थक शब्द भी कहते हैं।

अतः विकल्प (A) सही है।

Q.1 निम्न विकल्पों में 'अव' उपसर्ग से बना शब्द नहीं है।

A. अवकाश   B. अवतार   C. अनुराग   D. अवमान

Q.2 क्रिया के अंत में लगकर बने यौगिक शब्दों को क्या कहते हैं?

A. प्रत्यय   B. स्त्री प्रत्यय   C. तद्धितान्त   D. कृदन्त

Q.3 निम्नलिखित में से उपसर्ग रहित शब्द कौन सा है?

A. कुचेष्ठा   B. उपसर्ग   C. नाखुश   D. मिलान

Q.4 'अधि' उपसर्ग से बना शब्द निम्न में से कौन - सा है?

A. अत्यधिक   B. अधिनायक
C. अत्याधुनिक   D. अत्यल्प

Q.5 'उद्दीप्त' में उपसर्ग है:

A. उत्   B. उद   C. उध्   D. उड़ी

Q.6 'उन्मेष' में किस उपसर्ग का प्रयोग हुआ है?

[Super TET Paper - I, 2018]

A. उप   B. उत्   C. अभि   D. अपि

Q.7 निम्नलिखित शब्दों में से किसमें 'अन' प्रत्यय का प्रयोग हुआ है?

A. चढ़ान   B. मोहन   C. वेदना   D. झाड़न

Q.8 किस विकल्प में 'अ' उपसर्ग से बना शब्द नही है:

[RSMSSB Village Development Officer, 2016]

A. अछूता, अथाह, अटल
B. अदृश्य, अकाल, अधर्म
C. अकर्षक, अक्षय, अकारण
D. अलौकिक, अखंड, अत्यंत

Q.9 'आ' प्रत्यय से निर्मित हिन्दी कृदन्त (सभी शब्द युक्त) शब्द समूह है:

[RSMSSB Village Development Officer, 2016]

A. घेरा, छापा, उतारा, झटका
B. फेरा, भूखा, रगड़ा मेला
C. जोड़ा, तोड़ा, बोझा, धोया
D. झगड़ा, टोटा, बैठा, चूरा

Q.10 'मेधावी' में प्रत्यय है:

A. वी   B. ई   C. आवी   D. मेधा

Q.11 किस शब्द में 'इक' प्रत्यय का प्रयोग नहीं हो सकता?

A. अर्थ   B. नीति   C. अध्यात्म   D. कला

Q.12 'औना' प्रत्यय से बना शब्द निम्न में से कौनसा है?

A. गगौना   B. बिछौना   C. छगौना   D. ललौना

Q.13 निम्नलिखित शब्दों में से किसमें 'अ' उपसर्ग का प्रयोग हुआ है?

A. अनमोल   B. अधजला   C. अछूता   D. अंतर्राष्ट्रीय

Q.14 'पराजय' में कौन सा उपसर्ग है?

A. प्र   B. परि   C. परा   D. प्रति

Q.15 अकर्म में उपसर्ग है:

A. अक   B. अ   C. आ   D. आक

Q.16 'निर' उपसर्ग से बना शब्द निम्न में से कौन - सा है?

A. निर्वास   B. निश्छल   C. निदान   D. निश्रित

Q.17 'आकर्षित' शब्द में उपसर्ग बताइये।

A. अ   B. आक   C. क   D. आ

Q.18 वे प्रत्यय जो क्रिया में जुड़े होते हैं उन्हें कहते हैं-

A. कृदंत प्रत्यय   B. तद्धित प्रत्यय
C. (A) व (B) दोनों   D. उपरोक्त कोई नहीं

Q.19 संस्कार शब्द में किस उपसर्ग का प्रयोग हुआ है?

A. सम्   B. सन्   C. सम्स   D. सन्स

Q.20 'विनियंत्रण' शब्द में उपसर्ग है:

A. विन   B. वि   C. विनिय   D. विनियां

Q.21 'चिरायु' शब्द में कौन-सा उपसर्ग है?

A. चि   B. चिर   C. यु   D. आयु

Q.22 'धौंकनी' शब्द में कौन सा प्रत्यय प्रयुक्त हुआ है?

A. अनी   B. कनी   C. नी   D. ईय

Q.23 अभि – उपसर्ग से बना शब्द निम्न में से कौन सा है?

[MP Jail Prahari, 2018]

A. अभीराम   B. अबिराम   C. अभिराम   D. अविराम

Q.24 सु - उपसर्ग से बना शब्द निम्न में से कौन सा है?

[MP Jail Prahari, 2018]

A. सुफल   B. सोफल   C. सूफल   D. सफल

Q.25 निम्नलिखित में से किस शब्द में 'अ' उपसर्ग नहीं लगा है?

A. अकथ   B. अभेद   C. अचूक   D. अनुज

Q.26 'कहावत' शब्द में प्रयुक्त प्रत्यय है-

A. हावत   B. वत   C. कह   D. आवत

Q.27 निम्न में से किस शब्द में 'अ' उपसर्ग है:

A. अनमोल   B. अनबन   C. अनजान   D. अमोल

Q.28 मानव शब्द में प्रत्यय है:

A. अ   B. व   C. अव   D. नव

Q.29 'अनु' उपसर्ग से बना शब्द निम्न में से कौन-सा है?

A. अनुपम   B. अनुअपभय
C. अनुकंपा   D. अनुअपवाद

Q.30 निम्न में से किस शब्द में 'ईला' प्रत्यय का योग है?

A. रसीला   B. पुलिया   C. सरकारी   D. मुरेला

// स्मार्ट उत्तर पुस्तिका //

| सही उत्तर | उन छात्रों का प्रतिशत जिन्होंने प्रश्नों का सही उत्तर दिया था। | | छोड़ दिया | उन छात्रों का प्रतिशत जिन्होंने प्रश्नों को छोड़ दिया था। |

प्रश्न संख्या	उत्तर	सही उत्तर / छोड़ दिया	प्रश्न संख्या	उत्तर	सही उत्तर / छोड़ दिया	प्रश्न संख्या	उत्तर	सही उत्तर / छोड़ दिया	प्रश्न संख्या	उत्तर	सही उत्तर / छोड़ दिया	प्रश्न संख्या	उत्तर	सही उत्तर / छोड़ दिया	प्रश्न संख्या	उत्तर	सही उत्तर / छोड़ दिया	प्रश्न संख्या	उत्तर	सही उत्तर / छोड़ दिया
1	C	51.64 % / 34.12 %	6	B	60.58 % / 38.07 %	11	D	62.81 % / 32.92 %	16	A	58.42 % / 37.79 %	21	B	51.41 % / 37.64 %	26	D	50.62 % / 45.49 %
2	D	52.72 % / 41.32 %	7	B	55.32 % / 42.56 %	12	B	45.67 % / 40.62 %	17	D	61.64 % / 32.78 %	22	C	68.55 % / 30.86 %	27	D	69.3 % / 30.54 %
3	D	63.63 % / 32.51 %	8	D	46.68 % / 44.88 %	13	C	50.62 % / 37.98 %	18	B	43.25 % / 37.1 %	23	C	50.33 % / 42.04 %	28	C	59.01 % / 37.86 %
4	B	48.08 % / 35.81 %	9	A	41.25 % / 37.19 %	14	C	55.7 % / 33.84 %	19	A	45.97 % / 36.12 %	24	A	44.81 % / 47.71 %	29	C	43.42 % / 32.99 %
5	A	58.71 % / 32.31 %	10	A	45.26 % / 36.95 %	15	B	60.93 % / 38.8 %	20	B	54.9 % / 42.29 %	25	D	54.44 % / 32.42 %	30	A	44.33 % / 36.39 %

//संकेत और समाधान//

1. अनुराग शब्द 'अव' उपसर्ग से नहीं बना है। अनुराग शब्द में 'अनु' उपसर्ग से बना है। अन्य विकल्प में 'अव' उपसर्ग प्रयुक्त हुआ है।

अतः विकल्प (C) सही है।

2. क्रिया के अंत में लगकर बने यौगिक शब्दों को कृदन्त कहते हैं।

क्रिया या धातु के अन्त में प्रयुक्त होने वाले प्रत्ययों को 'कृत् प्रत्यय' कहते है और उनके मेल से बने शब्द को 'कृदन्त' कहते हैं। जैसे - मानव + ता = मानवता, अच्छा + आई = अच्छाई, अपना + पन = अपनापन, एक + ता = एकता। यहाँ क्रमशः मानवता, अच्छाई, अपनापन, एकता आदि कृदन्त हैं।

अतः विकल्प (D) सही है।

3. दिए गए विकल्पों में 'मिलान' उपसर्ग रहित शब्द है। 'मिलान' में प्रत्यय का प्रयोग हुआ है जिसका विच्छेद 'मिल+आन' है।

अन्य विकल्प:

शब्द	उपसर्ग
कुचेष्टा	कु, क
उपसर्ग	उप
नाखुश	ना

अतः विकल्प (D) सही है।

4. दिए गए विकल्पों में से 'अधिनायक' शब्द 'अधि' उपसर्ग से बना है। इससे जुड़े महत्वपूर्ण बिंदु निम्नलिखित हैं:

- 'अधि' उपसर्ग से बनने वाले अन्य शब्द अधिकार, अधिपति, अधिकरण हैं।
- 'अधि' का अर्थ श्रेष्ठ अथवा ऊपर है।
- अधिनायक का अर्थ मुखिया होता है।
- वाक्य प्रयोग: जनता के सामाजिक और धार्मिक अधिनायक होने के विशेषाधिकारों की वजह से वे अपने को शेष जातियों से ऊंचा मानते थे।

अतः विकल्प (B) सही है।

5. 'उद्दीप्त' में 'उत्' उपसर्ग है।

'उद्दीप्त' अर्थात 'उत् + दीप्त = उद्दीप्त'।

उद्दीप्त का अर्थ उभड़ा हुआ, बढ़ा हुआ, जागा हुआ, उत्तेजित है।

जो शब्दांश शब्दों के प्रारम्भ में जुड़ कर उनके अर्थ में कुछ विशेषता लाते हैं, वे उपसर्ग कहलाते हैं।

अतः विकल्प (A) सही है।

6. 'उन्मेष' शब्द में 'उत्' उपसर्ग है।

इसका उचित संधि विच्छेद 'उन्मेष : उत्+मेष' होगा।

जो शब्दांश शब्दों के प्रारम्भ में जुड़ कर उनके अर्थ में कुछ विशेषता लाते हैं, वे उपसर्ग कहलाते हैं।

अतः विकल्प (B) सही है।

7. दिए गए विकल्पों में 'मोहन' शब्द में 'अन' प्रत्यय का प्रयोग हुआ है जिसका विच्छेद 'मोह + अन - मोहन' है।

प्रत्यय – ऐसे शब्दांश जो की किसी शब्द के अंत में लगकर उसके अर्थ में परिवर्तन ला देता हैं, उन्हें प्रत्यय कहा जाता हैं। जैसे – त्व, आ, इया, वाला, ना, नी, ता आदि।

अतः विकल्प (B) सही है।

8. अलौकिक, अखंड, अत्यंत, 'अ' उपसर्ग से बना शब्द नही है।

यहाँ अत्यंत शब्द अति उपसर्ग से बना है।

उप का अर्थ होता है समीप और सर्ग का अर्थ होता है सृष्टि होता है। अर्थ किसी शब्द के समीप आकर नया शब्द बनाना, उपसर्ग कहलाता है।

अतः विकल्प (D) सही है।

9. 'आ' प्रत्यय से निर्मित हिन्दी कृदन्त शब्द समूह 'घेरा, छापा, उतारा, झटका' है।

जो शब्दांश, शब्दों के अंत में जुड़कर अर्थ में परिवर्तन लाये, प्रत्यय कहलाते है। जैसे - पाठक, शक्ति, भलाई, मनुष्यता आदि।

धातु पदों के नाम में प्रयुक्त पदों को कृत्य प्रत्यय कहते हैं। इनके प्रयोग में जिन शब्दों का निर्माण होता है उसे कृदंत प्रत्यय कहते है।

अतः विकल्प (A) सही है।

10. 'मेधावी' में प्रत्यय 'वी' होता है।

- 'मेधावी' में 'वी' प्रत्यय और 'मेधा' मूल शब्द है।
- मेधा + वी = मेधावी।
- मेधावी का अर्थ ज्ञानी अथवा तीव्र बुद्धिवाला होता है।
- 'ई' यह एक प्रत्यय है, इसके द्वारा पढ़ाई, लिखाई ऐसे शब्द बनते है।

अतः विकल्प (A) सही है।

11. दिए गए विकल्पों में से 'इक' प्रत्यय का प्रयोग कला में नहीं हो सकता है। अन्य विकल्प असंगत है।

वे शब्दांश या अव्यय, जो किसी शब्द के अंत में जुड़कर उसके अर्थ में (मूल शब्द के अर्थ में) विशेषता ला दे या उसका अर्थ ही बदल दे।

जैसे- अर्थ + इक = आर्थिक, नीति + इक = नैतिक, अध्यात्म + इक = आध्यात्मिक आदि।

अतः विकल्प (D) सही है।

12. 'बिछौना' शब्द में 'औना' प्रत्यय का योग है।

बिछौना = बिछ + औना। इसमें कृत् प्रत्यय है। कृत् प्रत्यय - क्रिया या धातु के अन्त में प्रयुक्त होने वाले प्रत्ययों को 'कृत्' प्रत्यय कहते है और उनके मेल से बने शब्द को 'कृदन्त' या कृत् प्रत्यय कहते है।

जैसे – गाना = गानेवाला, होना = होनहार, छलना = छलिया।

अतः विकल्प (B) सही है।

13. दिए गए विकल्पों में 'अछूता' शब्द में 'अ' उपसर्ग का प्रयोग हुआ है जिसका विग्रह 'अ + छूता' है।

अन्य विकल्प :

- 'अनमोल - अन+मोल' में उपसर्ग 'अन' है।
- 'अधजला - अध+जला' में उपसर्ग 'अध' है।
- 'अंतर्राष्ट्रीय - अंतर+राष्ट्रीय' में उपसर्ग 'अंतर' है।

अतः विकल्प (C) सही है।

14. 'पराजय' का विच्छेद 'परा+जय – पराजय' है तथा इसमें 'परा' उपसर्ग का प्रयोग हुआ है।

अन्य विकल्प:

उपसर्ग	शब्द
प्र	प्रकाश, प्रख्यात, प्रचार, प्रबल, प्रभु, प्रयोग, प्रगति, प्रसार, प्रयास इत्यादि।

| परी | परिक्रमा, परिजन, परिणाम, परिधि, परिपूर्ण इत्यादि। |
| प्रति | प्रतिक्षण, प्रतिनिधि, प्रतिकार, प्रत्येक, प्रतिदान, प्रतिकूल, प्रत्यक्ष इत्यादि। |

अतः विकल्प (C) सही है।

15. अकर्म में अ उपसर्ग है-

उपसर्ग वह शब्द, अक्षर या वर्ण होता है, जो शब्द के प्रारंभ मे जोड़ा जाता है।

अतः विकल्प (B) सही है।

16. दिए गए विकल्पों में से 'निर्वास' शब्द 'निर्' उपसर्ग से बना है।

'निर्' उपसर्ग से बनने वाले अन्य शब्द - निराकार, निरपराध, निर्झर, निर्गुण आदि।

'निर्' का अर्थ – बिना रहित ।

निर्वास का अर्थ –जिसके रहने के लिए कोई जगह न हो।

अतः विकल्प (A) सही है।

17. आकर्षित शब्द में 'आ' उपसर्ग लगा है।

- इसका मूल शब्द कर्षित है।
- 'आ' उपसर्ग से बने अन्य शब्द आकण्ठ, आगमन, आरोहण, आकार, आहार, आदेश आदि हैं।

अतः विकल्प (D) सही है।

18. वे प्रत्यय जो क्रिया में जुड़े होते हैं उन्हें तद्धित प्रत्यय कहते हैं। जो प्रत्यय धातुओं को छोड़कर अन्य सभी शब्दों (संज्ञा, सर्वनाम, विशेषण आदि) के अंत में जोड़े जाते है। उन्हें तद्धित प्रत्यय (तद्धितांत प्रत्यय) प्रत्यय भी कहते हैं।

अतः विकल्प (B) सही है।

19. "सम्" संस्कृत का उपसर्ग है। "सम्" का अर्थ उत्तम,साथ एवं पूर्ण होता है। "सम्" उपसर्ग से संस्कार शब्द बना है।

अतः विकल्प (A) सही है।

20. 'विनियंत्रण' शब्द में 'वि' उपसर्ग है।

विनियंत्रण शब्द में मूल शब्द 'नियंत्रण' है और 'वि' उपसर्ग के योग से यह शब्द निर्मित हुआ है।

जो शब्दांश शब्दों के प्रारम्भ में जुड़ कर उनके अर्थ में कुछ विशेषता लाते हैं, वे उपसर्ग कहलाते हैं।

अतः विकल्प (B) सही है।

21. चिर शब्द के प्रयोग से चिरायु शब्द का निर्माण हुआ है।

'चिर' उपसर्ग से तात्पर्य है- 'लम्बा, अधिक समय तक'।

'चिर' उपसर्ग से बनने वाले अन्य शब्द -चिरकाल, चिरंजीवी, चिरकुमार

अन्य विकल्प अनुचित हैं।

अतः विकल्प (B) सही है।

22. धौंकनी' शब्द में 'नी' प्रत्यय प्रयुक्त हुआ है।

'नी' प्रत्यय वाले अन्य शब्द- 'चटनी, मथनी' आदि हैं।

प्रत्यय वे शब्द हैं जो दूसरे शब्दों के अन्त में जुड़कर, अपनी प्रकृति के अनुसार, शब्द के अर्थ में परिवर्तन कर देते हैं।

अतः विकल्प (C) सही है।

23. दिए गए विकल्पों में से 'अभि' उपसर्ग से बना शब्द अभिराम है।

उपसर्ग: जो शब्दांश के आरम्भ में लगकर उसके अर्थ में परिवर्तन करते है, उन्हें उपसर्ग कहते है अर्थात भाषा के वे छोटे से छोटा सार्थक खंड, जो शब्द के आरंभ में लगकर नए शब्द का निर्माण करता है, उसे उपसर्ग कहते हैं।

उदाहरण: प्र, सु, अति, अधि, अनु, नि आदि।

अत: विकल्प (C) सही है।

24. दिए गए विकल्पों में से 'सु' उपसर्ग से बना शब्द सुफल है।

उपसर्ग: जो शब्दांश के आरम्भ में लगकर उसके अर्थ में परिवर्तन करते है, उन्हें उपसर्ग कहते है अर्थात भाषा के वे छोटे से छोटा सार्थक खंड, जो शब्द के आरंभ में लगकर नए शब्द का निर्माण करता है, उसे उपसर्ग कहते हैं।

उदाहरण: प्र, सु, अति, अधि, अनु, नि आदि।

अत: विकल्प (A) सही है।

25. अनुज शब्द में 'अ' उपसर्ग नहीं लगा है।

दिए गए शब्द अकथ, अभेद तथा अचूक में 'अ' उपसर्ग है तथा अनुज में 'अ' उपसर्ग नहीं है। अ उपसर्ग से निर्मित अन्य शब्द हैं- अयोग्य, अजर, अचल, अवैतनिक इत्यादि।

अत: विकल्प (D) सही है।

26. 'कहावत' शब्द में प्रयुक्त प्रत्यय आवत है।

वे शब्दांश जो मूल शब्द के अन्त में जुडकर एक नया अर्थपूर्ण शब्द बना देते हैं, प्रत्यय कहलाते हैं। जैसे- 'कह' शब्द में आवत प्रत्यय जोड़कर 'कहावत' तथा 'मह' शब्द में आवत प्रत्यय जोड़कर 'महावत' जैसे अर्थपूर्ण शब्द बनते हैं।

अत: विकल्प (D) सही है।

27. अमोल शब्द में अ उपसर्ग है। अ का अर्थ है अभाव जबकि अमोल शब्द का अर्थ है जिसका कोई मोल न हो।

उपसर्ग शब्द: शब्द का अर्थ बदलने वाले शब्दों को उपसर्ग कहते हैं।
अत: विकल्प (D) सही है।

28. मानव शब्द में अव प्रत्यय है।

जो शब्दांश शब्दों के अंत में विशेषता या परिवर्तन ला देते हैं, वे प्रत्यय कहलाते हैं।

अत: विकल्प (C) सही है।

29. 'अनु' उपसर्ग से बना शब्द अनुकंपा है।

उपसर्ग: उपसर्ग ऐसे शब्दांश जो किसी शब्द के पूर्व जुड़ कर उसके अर्थ में परिवर्तन कर देते हैं।

अत: विकल्प (C) सही है।

30. 'रसीला' शब्द में 'ईला' प्रत्यय है, अन्य सभी विकल्प असंगत हैं।

रसीला = रस + ईला। इसमें तद्धित प्रत्यय है।

ईला प्रत्यय से बने अन्य शब्द- ज़हरीला, बर्फीला, कंटीला, चमकीला, भड़कीला, लचकीला,आदि।

अत: विकल्प (A) सही है।

Q.1 निम्नलिखित प्रश्न में, चार विकल्पों में से, उस विकल्प का चयन करें, जो सही पुल्लिंग वाला विकल्प है:

A. सफाई **B.** विदुषी **C.** नाई **D.** भीलनी

Q.2 निम्नलिखित प्रश्न में, चार विकल्पों में से, उस विकल्प का चयन करें, जो सही पुल्लिंग वाला विकल्प है:

A. सुता **B.** दास **C.** बालिका **D.** भवानी

Q.3 निम्नलिखित शब्दों में पुल्लिंग शब्द की पहचान कीजिए:

A. एकादशी **B.** आशा **C.** नीति **D.** लोहा

Q.4 इनमें से कौन सा शब्द स्त्रीलिंग नहीं है?

A. अनुजा **B.** माली **C.** श्रीमती **D.** दात्री

Q.5 इनमें से कौन सा शब्द स्त्रीलिंग है?

A. मधुरता **B.** चन्द्रमा **C.** वर्ष **D.** हिमालय

Q.6 निम्नलिखित विकल्पों में से कौन सा शब्द स्त्रीलिंग है?

A. चिकित्सालय **B.** अमावस्या **C.** गुलाब **D.** बैल

Q.7 पुजारी शब्द का स्त्रीलिंग दिए गए विकल्पों में से कौन-सा है?

A. पुजारिन **B.** पूजाराइन **C.** पूजारिन **D.** पूजारीन

Q.8 निम्नलिखित में से कौन सा शब्द 'स्त्रीलिंग' है?

A. घोड़ा **B.** गला **C.** चीता **D.** अवस्था

Q.9 स्त्रीलिंग शब्द का चयन कीजिए ।

A. नृत्य **B.** धर्म **C.** कुटिया **D.** दीपक

Q.10 निम्नलिखित में से कौन-सा शब्द स्त्रीलिंग है?

A. पक्षी **B.** केकड़ा **C.** शेर **D.** गिलहरी

Q.11 निम्नलिखित में से कौन-सा शब्द पुल्लिंग है?

A. नाक **B.** आँख **C.** आदत **D.** आलस्य

Q.12 'सुत' का स्त्रीलिंग शब्द क्या होगा?

A. सुता **B.** सुत्री **C.** सूत **D.** सूती

Q.13 स्त्रीलिंग परिवर्तन का सही विकल्प कौन सा नहीं है।

A. सिंह – सिंहनी **B.** चौधरी – चौधराइन
C. तपस्वी - तपस्विन **D.** बेटा – बिटिया

Q.14 "भगवान" शब्द का स्त्रीलिंग रुप क्या है?

A. भगवानी **B.** भगवानिन **C.** भगवत **D.** भगवती

Q.15 स्त्रीलिंग की पहचान करें :

A. दमक **B.** दामन **C.** दिवाला **D.** दुशाला

Q.16 इनमें से कौन-सा शब्द स्त्रीलिंग नहीं है?

A. संन्यास **B.** सन्तान **C.** सटक **D.** सनक

Q.17 निम्नलिखित में कौन-सा शब्द पुल्लिंग है ?

A. कपट **B.** सुन्दरता **C.** मूर्खता **D.** निद्रा

Q.18 निम्न शब्दों में पुल्लिंग शब्द कौन-सा है?

[UP Police Sub Inspector, 2017]

A. जाति **B.** विधि **C.** राशि **D.** शशि

Q.19 निम्नलिखित शब्दों में स्त्रीलिंग शब्द कौन-सा है?

A. दरवाजा **B.** घर **C.** गैंडा **D.** मकड़ी

Q.20 'राहु' लिंग की दृष्टि से किस प्रकार का शब्द है?

A. पुल्लिंग **B.** स्त्रीलिंग
C. नपुंसकलिंग **D.** इनमें से कोई नहीं

Q.21 'गीदड़' का स्त्रीलिंग क्या होगा?

A. गीदड़ीन **B.** गीदड़नी **C.** गीदड़ी **D.** गिदडिया

Q.22 लिंग की दृष्टि से 'घबराहट' किस प्रकार का शब्द है?

A. स्त्रीलिंग **B.** पुल्लिंग
C. उभयलिंग **D.** इनमें से कोई नहीं

Q.23 निम्न में से पुल्लिंग शब्द कौन सा है?

A. सोमवार **B.** हिमालय
C. देश **D.** इनमें से सभी

Q.24 निम्नलिखित में से कौन सा शब्द पुल्लिंग नहीं है?

A. दर्शिका **B.** राजपूत **C.** क्षत्रिय **D.** तपस्वी

Q.25 निम्नलिखित में से कौन-सा विकल्प 'बहू' का बहुवचन दर्शाता है?

[UP Police Sub Inspector, 2017]

A. बहुयें **B.** बहुजन **C.** बहूँ **D.** बहुएँ

Q.26 निम्नलिखित शब्दों में स्त्रीलिंग का चयन कीजिए?

A. चिट्ठी **B.** पत्र **C.** पैन **D.** पत्ता

Q.27 निम्नलिखित में स्त्रीलिंग शब्द कौन-सा है?

A. उनामा **B.** धान **C.** कुरिया **D.** कोलिहा

Q.28 दिए गए शब्दों में से स्त्रीलिंग शब्द नहीं है:

A. अनबन **B.** रिश्वत **C.** निगाह **D.** भूकंप

Q.29 निम्नलिखित शब्दों में कौन सा शब्द पुल्लिंग नहीं है?

A. प्रतिभा **B.** शिखर **C.** तीर्थ **D.** चन्दन

Q.30 निम्नलिखित शब्दों में से 'ठाकुर' शब्द का उचित स्त्रीलिंग शब्द ज्ञात कीजिए।

A. ठाकुरी **B.** ठकुरी **C.** ठकुरा **D.** ठकुराइन

// स्मार्ट उत्तर पुस्तिका //

सही उत्तर उन छात्रों का प्रतिशत जिन्होंने प्रश्नों का सही उत्तर दिया था। **छोड़ दिया** उन छात्रों का प्रतिशत जिन्होंने प्रश्नों को छोड़ दिया था।

प्रश्न संख्या	उत्तर	सही उत्तर / छोड़ दिया	प्रश्न संख्या	उत्तर	सही उत्तर / छोड़ दिया	प्रश्न संख्या	उत्तर	सही उत्तर / छोड़ दिया	प्रश्न संख्या	उत्तर	सही उत्तर / छोड़ दिया	प्रश्न संख्या	उत्तर	सही उत्तर / छोड़ दिया	प्रश्न संख्या	उत्तर	सही उत्तर / छोड़ दिया	प्रश्न संख्या	उत्तर	सही उत्तर / छोड़ दिया
1	C	64.68 % / 33.4 %	6	B	40.89 % / 32.43 %	11	D	63.47 % / 34.39 %	16	A	40.14 % / 35.97 %	21	C	68.36 % / 30.85 %	26	A	51.49 % / 33.11 %
2	B	45.2 % / 30.36 %	7	A	56.15 % / 42.11 %	12	A	67.97 % / 30.72 %	17	A	58.32 % / 37.82 %	22	A	69.47 % / 30.12 %	27	C	57.89 % / 32.3 %
3	D	41.0 % / 48.37 %	8	D	60.3 % / 37.74 %	13	C	58.27 % / 39.52 %	18	D	46.67 % / 31.64 %	23	D	56.38 % / 35.32 %	28	D	41.9 % / 51.14 %
4	B	51.43 % / 44.68 %	9	C	49.34 % / 40.35 %	14	D	42.56 % / 55.37 %	19	D	48.51 % / 43.3 %	24	A	68.51 % / 30.86 %	29	A	53.83 % / 34.11 %
5	A	69.1 % / 30.22 %	10	D	60.47 % / 35.44 %	15	A	67.23 % / 30.46 %	20	A	42.68 % / 42.33 %	25	D	66.81 % / 32.68 %	30	D	62.02 % / 34.92 %

//संकेत और समाधान//

1. 'नाई' शब्द पुल्लिंग है जिसका स्त्रीलिंग शब्द 'नाइन' या 'नाऊन' होगा।

जिन संज्ञा शब्दों से पुरुष जाति का पता चलता है,पुल्लिंग होते हैं।

उदाहरण- लड़का, आदमी, मकान आदि।

अतः विकल्प (C) सही है।

2. 'दास' है जिसका स्त्रीलिंग 'दासी' होगा। अन्य विकल्प इसके स्त्रीलिंग रूप हैं।

जिन संज्ञा शब्दों से पुरुष जाति का पता चलता है,पुल्लिंग होते हैं।

उदाहरण- लड़का, आदमी, मकान आदि।

अतः विकल्प (B) सही है।

3. 'लोहा' शब्द पुल्लिंग है। दिए गए अन्य सभी विकल्प स्त्रीलिंग के उदाहरण हैं।

जिन संज्ञा शब्दों से पुरुष जाति का पता चलता है,पुल्लिंग होते हैं।

उदाहरण- लड़का, आदमी, मकान आदि।

अतः विकल्प (D) सही है।

4. 'माली' शब्द स्त्रीलिंग लिंग नहीं बल्कि पुल्लिंग शब्द है। इसका स्त्रीलिंग शब्द 'मलिन' होगा।

जिन संज्ञा शब्दों से स्त्री जाति का पता चलता है, स्त्रीलिंग होते हैं।

उदाहरण - लड़की, गाय, आदत आदि।

अतः विकल्प (B) सही है।

5. 'मधुरता' शब्द भाववाचक स्त्रीलिंग है।

जिन संज्ञा शब्दों से स्त्री जाति का पता चलता है, स्त्रीलिंग होते हैं।

उदाहरण - लड़की, गाय, आदत आदि।

अतः विकल्प (A) सही है।

6. अमावस्या भाववाचक स्त्रीलिंग शब्द है।

अमावस्या का अर्थ - भारतीय पंचांग में कृष्णपक्ष की प्रतिपदा से 15वीं तिथि को अमावस्या के नाम से जाना जाता है।

अतः विकल्प (B) सही है।

7. 'पुजारिन' शब्द स्त्रीलिंग है।

लिंग संस्कृत का शब्द होता है जिसका अर्थ होता है निशान।
पुरुष जाति में = बैल , बकरा , मोर
स्त्री जाति में = गाय , बकरी , मोरनी

अतः विकल्प (A) सही है।

8. उपरोक्त सभी विकल्पों में 'अवस्था' शब्द स्त्रीलिंग है जिसका अर्थ 'हालत या दशा या उम्र या स्थिति' होगा।

मनुष्य संसार में चार अवस्थाओं के द्वारा अपना जीवन व्यतीत करता है। ये हैं जागृत, स्वप्न, सुसुप्ति व तुरीय।

अतः विकल्प (D) सही है।

9. 'कुटिया ' शब्द स्त्रीलिंग शब्द के रूप में प्रयोग हुआ है। जबकि नृत्य ,धर्म एवं दीपक पुल्लिंग शब्द है।
अतः विकल्प (C) सही है।

10. उपरोक्त में से गिलहरी शब्द स्त्रीलिंग है। गिलहरी- संज्ञा स्त्रीलिंग एक प्रकार का छोटा जानवर जो एशिया, और उत्तरी अमेरिका में बहुत अधिकता से होता है ।
अतः विकल्प (D) सही है।

11. आलस्य एक पुल्लिंग शब्द है। 'आलस्य' एक पुल्लिंग शब्द है। अन्य विकल्प स्त्रीलिंग हैं। घटना घटी, मिर्ची तीखी थी, बोतल टूट गयी। इन वाक्यों से स्पष्ट होता है कि 'घटना', 'मिर्ची' और 'बोतल' शब्द स्त्रीलिंग के रूप में प्रयोग किये जाते हैं। अतः सही विकल्प 'आलस्य' है।
अतः विकल्प (D) सही है।

12. 'सूत' का स्त्रीलिंग शब्द सुता होगा। 'सुत' अर्थात 'बेटा' तथा 'सुता' अर्थात बेटी।
अतः विकल्प (A) सही है।

13. 'तपस्वी-तपस्विन' शब्द युग्म में वर्तनीगत त्रुटि है इसलिए ये सही उत्तर नहीं है।

तपस्वी शब्द का स्त्रीलिंग 'तपस्विनी' होता है। कुछ पुल्लिंग शब्दों के अंत में 'ई' आता है उनका परिवर्तन स्त्रीलिंग में करने के लिए 'इनी' शब्द जोड़ दिया जाता है।

अतः विकल्प (C) सही है।

14. भगवान" शब्द का स्त्रीलिंग रुप भगवती होगा।

अतः विकल्प (D) सही है।

15. **दमक** स्त्रीलिंग है। अन्य सभी शब्द पुल्लिंग है।

अतः विकल्प (A) सही है।

16. **संन्यास** स्त्रीलिंग नहीं है। अन्य सभी शब्द स्त्रीलिंग है।

अतः विकल्प (A) सही है।

17. कपट शब्द पुल्लिंग के रूप में प्रयोग होता है, जबकि सुन्दरता ,मूर्खता एवं निद्रा स्त्रीलिंग शब्द है।

वह संज्ञा शब्द जो हमें पुरुष जाति का बोध कराते हैं, वे शब्द संज्ञा पुरुष शब्द कहलाते हैं।

अतः विकल्प (A) सही है।

18. उपरोक्त विकल्पों में शशि शब्द पुल्लिंग है। पुल्लिंग- जिन संज्ञा के शब्दों से पुरुष जाति का पता चलता है उसे पुल्लिंग कहते हैं। जैसे:- कुत्ता , बन्दर , हंस , बकरा , आदमी, सेठ, मकान , लोहा , चश्मा , फूल , नाटक , पर्वत , पेड़ , मुर्गा, बैल, भाई , शेर आदि।
अतः विकल्प (D) सही है।

19. "मकड़ी" स्त्रीलिंग शब्द है। स्त्रीलिंग- जिन संज्ञा शब्दों से स्त्री जाति का पता चलता है, उसे स्त्रीलिंग कहते हैं। जैसे - लड़की, बकरी, माता, रानी, जूं, सुई, गर्दन, लज्जा, नदी, शाखा, मुर्गी, गाय, बहन, यमुना, बुआ, लक्ष्मी, गंगा, नारी, झोंपड़ी, लोमड़ी आदि।

पुल्लिंग- जिन संज्ञा के शब्दों से पुरुष जाति का पता चलता है कि ये पुरुष जाति का है उसे पुल्लिंग कहते हैं। जैसे - शिव, ब्रम्हा, राम, कृष्ण, हनुमान, पिता, भाई, लड़का, आदमी, सेठ, राजा, घोड़ा, कुत्ता, बन्दर, हंस, बकरा, मकान, लोहा, चश्मा, दुःख, लगाव, खटमल, फूल, नाटक, पर्वत, पेड़, मुर्गा, बैल, शेर आदि।
अतः विकल्प (D) सही है।

20. संस्कृत के ऊकारान्त और उकारान्त शब्द पुल्लिंग होते हैं; जैसे- प्रभू, अश्रु, जन्तु, राहु, त्रिशंकु आदि।

पुल्लिंग वह सञ्ज्ञा जिसके माध्यम से पुरुष जाति का बोध होता हो, उन शब्दों को पुल्लिंग कहा जाता है।

अतः विकल्प (A) सही है।

21. 'ई ' प्रत्यय के योग से 'गीदड़ी' शब्द बनेगा जो 'गीदड़ 'का स्त्रीलिंग होगा।

वह संज्ञा शब्द जो हमें स्त्री जाति का बोध कराते हैं, वे शब्द स्त्रीलिंग संज्ञा शब्द कहलाते हैं।

अतः विकल्प (C) सही है।

22. जिन शब्दों के अन्त में आई, वट, हट आदि प्रत्यय हों वे प्रायः स्त्रीलिंग होते हैं; जैसे- सिलाई, बुनाई, कटाई, लिखावट, बनावट, घबराहट, चिल्लाहट इत्यादि।
अतः विकल्प (A) सही है।

23. देश शब्द पुल्लिंग है। पर्वतो तथा दिनों के नाम पुल्लिंग होते हैं इसलिए सोमवार और हिमालय भी पुल्लिंग होगा।

अतः विकल्प (D) सही है।

24. दिए गए विकल्पों में 'दर्शिका ' शब्द स्त्रीलिंग है। दर्शिका का अर्थ - मार्ग दर्शन करनेवाली।

अन्य विकल्प:

राजपूत- राजपूतानी

क्षत्रिय- क्षत्राणी

तपस्वी- तपस्विनी
अतः विकल्प (A) सही है।

25. 'बहु' का बहुवचन बहुएँ होगा। बहुवचन- शब्द के जिस रूप से अनेकता का बोध हो उसे बहुवचन कहते हैं। जैसे-लड़के, गायें, कपड़े, टोपियाँ, मालाएँ, माताएँ, पुस्तकें, वधुएँ, गुरुजन, रोटियाँ, स्त्रियाँ, लताएँ, बेटे आदि।
अतः विकल्प (D) सही है।

26. "चिट्ठी" स्त्रीलिंग शब्द है। स्त्रीलिंग- जिन संज्ञा शब्दों से स्त्री जाति का पता चलता है, उसे स्त्रीलिंग कहते हैं। जैसे - हंसिनी, लड़की, बकरी, माता, रानी, जूं, सुई, गर्दन, लज्जा, नदी, शाखा, मुर्गी, गाय, बहन, यमुना, बुआ, लक्ष्मी, गंगा, नारी, झोंपड़ी, लोमड़ी आदि।

अतः विकल्प (A) सही है।

27. दिए गए विकल्पों में से 'कुरिया' शब्द स्त्रीलिंग है।

कुरिया अर्थात झोपड़ी।

जिन शब्दों से स्त्री जाति का बोध होता है, स्त्रीलिंग कहलाते हैं।

अतः विकल्प (C) सही है।

28. दिए गए शब्दों में से 'भूकंप' शब्द स्त्रीलिंग नहीं बल्कि पुल्लिंग शब्द है।

- भूकम्प या भूचाल पृथ्वी की सतह के हिलने को कहते हैं।
- भूकंप के पर्यायवाची शब्द हैं- भूचाल, भुडोल, ज़लजला आदि।

अतः विकल्प (D) सही है।

29. उपर्युक्त शब्दों में 'प्रतिभा' शब्द स्त्रीलिंग है।

- प्रतिभा का अर्थ होता है विलक्षण बौद्धिक शक्ति या बुद्धि।
- प्रतिभा के पर्यायवाची शब्द प्रज्ञा, ज्ञान, समझ, अक्ल, समझबूझ हैं।

अतः विकल्प (A) सही है।

30. दिए गए विकल्पों में से 'ठाकुर' शब्द के लिए उचित स्त्रीलिंग शब्द 'ठकुराइन' होगा।

- ठाकुर अर्थात क्षत्रियों की उपाधि।
- परमेश्वर को भी ठाकुर जी कहा जाता है।

अतः विकल्प (D) सही है।

Q.1 निम्नलिखित में से अशुद्ध वर्तनी का चयन कीजिए:-
A. नौसिखिया   B. न्यौछावर   C. न्यायालय   D. न्योता

Q.2 निम्न चार विकल्पों में से शुद्ध वर्तनी वाला शब्द पहचानिए।
A. पैतरिक   B. पाइत्रिक   C. पैतृक   D. पैत्रिक

Q.3 निचे दिए गए शब्दों में शुद्ध शब्द की वर्तनी का चयन कीजए।
A. आशीर्वाद   B. ओघोगिक
C. आधीन   D. अनाधिकार

Q.4 निम्नलिखित शब्दों में से शुद्ध -वर्तनी का चयन कीजिये।
A. अजमाइश   B. तत्कालिक   C. कालिदास   D. वाल्मीकि

Q.5 निम्नलिखित शब्दों में से शुद्ध -वर्तनी का चयन कीजिये।
A. आधीकारी   B. आधीन   C. आगामी   D. अथिथि

Q.6 निम्नलिखित में से अशुद्ध शब्द का चयन कीजिए।
A. शुल्क   B. संख्या   C. अवधि   D. पपत्र

Q.7 निम्नलिखित शब्दों में से शुद्ध -वर्तनी का चयन कीजिये।
A. सरवर   B. चित्रकूट   C. चाहिए   D. कौशिल्या

Q.8 निम्नलिखित मे से शुद्ध वर्तनी वाले शब्द का चयन कीजिए।
[UPTET Science and Maths, 2018], [UPTET Social Studies, 2018]
A. द्रष्टा   B. रचइता   C. शुसुप्त   D. सृष्टा

Q.9 निम्नलिखित में से शुद्ध वर्तनी का चयन कीजिए:
A. छुद्र   B. चर्मोत्कर्ष   C. कँटीला   D. गर्भिणी

Q.10 निम्नलिखित में से शुद्ध वर्तनी का चयन कीजिए:
A. भंगन   B. रागिनी   C. भोगोलिक   D. मत्सेन्द्र

Q.11 निम्नलिखित में से अशुद्ध वर्तनी का चयन कीजिए:
A. प्राण   B. प्राचीनतम   C. प्रोढ़   D. प्रविष्ट

Q.12 निम्नलिखित में से अशुद्ध वर्तनी का चयन कीजिए:
A. बढ़ोतरी   B. बइमान   C. बाकायदा   D. बाजार

Q.13 निम्नलिखित में से अशुद्ध वर्तनी का चयन कीजिए:-
A. निरोग   B. निर्मल
C. निरुपम   D. निर्माणाधीन

Q.14 निम्नलिखित में से अशुद्ध वर्तनी का चयन कीजिए:-
A. नुकसानदेह   B. नौकरी
C. निलंवित   D. नि:शुल्क

Q.15 निम्नलिखित में से अशुद्ध वर्तनी का चयन कीजिए:-
A. परणाम   B. पड़ोस
C. पारलौकिक   D. परिप्रेक्ष्य

Q.16 निम्नलिखित में से शुद्ध वर्तनी का चयन कीजिए:-
A. पूँछना   B. पट्ट   C. निरपराध   D. पड़ोसन

Q.17 निम्नलिखित में से शुद्ध वर्तनी का चयन कीजिए:
A. अतिथी   B. उन्नती   C. रेणू   D. अनधिकार

Q.18 निम्नलिखित में से शुद्ध वर्तनी का चयन कीजिए:

A. व्यापार   **B.** सामिग्री   **C.** मांसाहारी   **D.** संधी

Q.19 निम्नलिखित में से शुद्ध वर्तनी का चयन कीजिए:
A. चाक्षुष   B. कालंदी   C. एच्छिक   D. ईमारत

Q.20 वर्तनी की दृष्टि से अशुद्ध शब्द है:
[Rajasthan Police Sub Inspector, 2016]
A. दुरवस्था   B. गृहिणी   C. सरोजनी   D. रचयित्री

Q.21 निम्नलिखित शब्दों में से शुद्ध -वर्तनी का चयन कीजिये।
A. तिरोस्कार   B. तथास्त   C. तिरोभ्हाव   D. तिरस्कार

Q.22 निम्नलिखित में से सही वर्तनी का चयन कीजिए।
A. प्रतिक्रिया   B. प्रतीक्रीया   C. प्रतिक्रीया   D. प्रतीक्रिया

Q.23 निम्न में से शुद्ध वर्तनी का चयन कीजिये-
A. अरपन   B. संगृहीत   C. अनभिग्य   D. अहार

Q.24 निम्न में से शुद्ध शब्द का चयन कीजिये-
A. प्रशन्न   B. प्रत्यछ   C. अनुत्तर   D. प्रतीमा

Q.25 शुद्ध शब्द की वर्तनी का चयन कीजिए।
A. कालीदास   B. सिरोजिनी   C. प्रदर्शनी   D. शताब्दि

Q.26 निम्नलिखित में वर्तनी की दृष्टि से शुद्ध शब्द कौन सा है?
A. द्रविभूत   B. द्रवीभूत   C. द्रवीभुत   D. द्रविभुत

Q.27 निम्न में से शुद्ध वर्तनी का चयन कीजिये।
A. आक्षादन   B. अध्यात्मिक
C. शांतिमय   D. अजीविका

Q.28 निम्न में से शुद्ध वर्तनी का चयन कीजिये।
A. अध्यन   B. आद्र   C. अकांक्षा   D. अद्भुत

Q.29 निम्न में से शुद्ध वर्तनी का चयन कीजिये।
A. उच्चरण   B. आधीन
C. साम्य   D. अनाधिकार

Q.30 नीचे चार शब्द दिए गए हैं जिनमें से तीन की वर्तनी गलत है और एक की सही है, दिए गए चार विकल्पों में से सही वर्तनी वाला शब्द चुनिए।
A. जीजीविषा   B. जिजिविषा
C. जीजिविसा   D. जिजीविषा

// स्मार्ट उत्तर पुस्तिका //

सही उत्तर — उन छात्रों का प्रतिशत जिन्होंने प्रश्नों का सही उत्तर दिया था।   छोड़ दिया — उन छात्रों का प्रतिशत जिन्होंने प्रश्नों को छोड़ दिया था।

प्रश्न संख्या	उत्तर	सही उत्तर / छोड़ दिया	प्रश्न संख्या	उत्तर	सही उत्तर / छोड़ दिया	प्रश्न संख्या	उत्तर	सही उत्तर / छोड़ दिया	प्रश्न संख्या	उत्तर	सही उत्तर / छोड़ दिया	प्रश्न संख्या	उत्तर	सही उत्तर / छोड़ दिया	प्रश्न संख्या	उत्तर	सही उत्तर / छोड़ दिया	प्रश्न संख्या	उत्तर	सही उत्तर / छोड़ दिया
1	B	47.8 % / 49.91 %	6	D	43.69 % / 34.05 %	11	C	40.9 % / 38.99 %	16	C	53.51 % / 37.13 %	21	D	44.4 % / 48.51 %	26	B	43.43 % / 32.17 %			
2	C	65.11 % / 32.25 %	7	B	48.0 % / 31.29 %	12	B	57.52 % / 36.5 %	17	D	64.74 % / 35.2 %	22	A	58.43 % / 33.19 %	27	C	46.17 % / 33.74 %			
3	A	59.33 % / 31.56 %	8	A	65.13 % / 30.1 %	13	B	46.11 % / 52.57 %	18	C	52.1 % / 44.85 %	23	B	45.23 % / 35.11 %	28	D	61.49 % / 37.03 %			
4	C	56.83 % / 38.6 %	9	C	51.72 % / 46.02 %	14	C	42.72 % / 41.47 %	19	A	44.55 % / 53.01 %	24	C	68.14 % / 30.86 %	29	C	41.55 % / 51.17 %			
5	C	61.42 % / 36.12 %	10	B	66.35 % / 30.7 %	15	A	56.13 % / 43.75 %	20	C	61.89 % / 32.75 %	25	C	45.83 % / 53.17 %	30	B	69.79 % / 30.15 %			

//संकेत और समाधान//

1. उपरोक्त विकल्पों में 'न्यौछावर' शब्द वर्तनीगत अशुद्ध है।

इसका शुद्ध रूप है 'न्योछावर'।

जिसका अर्थ होता है- निछावर, कुर्बानी।

अतः विकल्प (B) सही है।

2. उपरोक्त विकल्पों में सही विकल्प 'पैतृक' है।

पैतृक विशेषण शब्द है जिसका अर्थ पिता संबंधी, पुश्तैनी या पुरखों का होता है।

अतः विकल्प (C) सही है।

3. उपरोक्त विकल्पों में 'आशीर्वाद' शब्द वर्तनीगत शुद्ध है। **'आशीर्वाद'** शब्द का अर्थ है आशीष ; बड़ों का छोटों के लिए शुभ उद्गार ; कल्याण एवं मंगलकामना ; दुआ।

अन्य विकल्प:

अशुद्ध शब्द	शुद्ध शब्द	अर्थ
ओघोगिक	औघोगिक	वस्तुएँ तैयार करने के काम से संबंध रखनेवाला।
आधीन	अधीन	जो किसी के अधिकार शासन या वश में हो।
अनाधिकार	अनधिकार	अधिकार या योग्यता एवं पात्रता का अभाव।

अतः विकल्प (A) सही है।

4. दिए गए विकल्पों में कालिदास शब्द में वर्तनी शुद्ध है। अन्य विकल्प असंगत है।

अन्य विकल्प:

शुद्ध वर्तनी	अशुद्ध वर्तनी
आजमाइश	अजमाइश
तात्कालिक	तत्कालिक
वल्मीकी	वाल्मीकि

अतः विकल्प (C) सही है।

5. दिए गए विकल्पों में आगामी शब्द में वर्तनी शुद्ध है। अन्य विकल्प असंगत है। प्रस्तुत शब्द में 'आ' से संबंधित अशुद्धि है।

अन्य विकल्प:

शुद्ध वर्तनी	अशुद्ध वर्तनी
अधिकारी	आधीकारी
अधीन	आधीन
अतिथि	अधिथि

अतः विकल्प (C) सही है।

6. पपत्र यहाँ सही विकल्प है, अन्य सभी विकल्प असंगत है। पपत्र की वर्तनी अशुद्ध है।

शुद्ध शब्द: प्रपत्र

अतः विकल्प (D) सही है।

7. दिए गए विकल्पों में चित्रकूट शब्द की वर्तनी शुद्ध है।अन्य सभी शब्दों की वर्तनी त्रुटि पूर्ण हैं।

अशुद्ध वर्तनी	शुद्ध वर्तनी
सरवर	सरोवर
चाहिऐ	चाहिए

कौशिल्या	कौशल्या

अतः विकल्प (B) सही है।

8. शुद्ध वर्तनी वाला शब्द 'द्रष्टा' है। 'द्रष्टा' का अर्थ 'देखने वाला' या 'दिखलाने वाला' होता है। इसलिए सही विकल्प 'द्रष्टा' है।

अतः विकल्प (A) सही है।

9. दिए गए विकल्पों में कँटीला शब्द की वर्तनी शुद्ध है।

'कँटीला' का अर्थ 'जिसमें काँटे लगे हुए हों' है।

अन्य विकल्प:

शुद्ध वर्तनी	अशुद्ध वर्तनी	अर्थ
क्षुद्र	छुद्र	नीच
चरमोत्कर्ष	चर्मोत्कर्ष	चरम बिंदु
गर्भिणी	गर्भीणी	गर्भवती

अतः विकल्प (C) सही है।

10. दिए गए विकल्पों में रागिनी शब्द की वर्तनी शुद्ध है।

'रागिनी' का अर्थ 'संगीत में राग की पत्नी' है।

अन्य विकल्प:

शुद्ध वर्तनी	अशुद्ध वर्तनी	अर्थ
भंगिन	भंगन	मेहतर की पत्नी
भौगोलिक	भोगोलिक	भूगोल संबंधी
मत्स्येन्द्र	मत्सेन्द्र	मछलियों का राजा

अतः विकल्प (B) सही है।

11. उपरोक्त विकल्पों में 'प्रोढ़' शब्द वर्तनीगत अशुद्ध है।

इसका शुद्ध रूप है: 'प्रौढ़'

जिसका अर्थ होता है: मध्य अवस्था को प्राप्त

अतः विकल्प (C) सही है।

12. उपरोक्त विकल्पों में 'बइमान' शब्द वर्तनीगत अशुद्ध है।

इसका शुद्ध रूप है: 'बेईमान'

जिसका अर्थ होता है: अनाचार या छल कपट करने वाला

अतः विकल्प (B) सही है।

13. उपरोक्त विकल्पों में 'निरमल' शब्द वर्तनीगत अशुद्ध है।

इसका शुद्ध रूप है 'निर्मल'।

जिसका अर्थ होता है- साफ, स्वच्छ।

अतः विकल्प (B) सही है।

14. उपरोक्त विकल्पों में 'निलंवित' शब्द वर्तनीगत अशुद्ध है।

इसका शुद्ध रूप है 'निलंबित'।

जिसका अर्थ होता है- पदच्युत किया गया।

अतः विकल्प (C) सही है।

15. उपरोक्त विकल्पों में 'परणाम' शब्द वर्तनीगत अशुद्ध है।

इसका शुद्ध रूप है 'प्रणाम'।

जिसका अर्थ होता है- अभिवादन।

अतः विकल्प (A) सही है।

16. दिए गए विकल्पों में निरपराध शब्द की वर्तनी शुद्ध है। इसलिए सही विकल्प 'निरपराध' है। अन्य सभी शब्दों की वर्तनी त्रुटि पूर्ण हैं।

'**निरपराध**' का अर्थ 'निर्दोष' है।

अन्य विकल्प –

अशुद्ध वर्तनी	शुद्ध वर्तनी
पूँछना	पूछना
पट्ट	पट
पड़ोसन	पड़ोसिन

अतः विकल्प (C) सही है।

17. 'अनधिकार' की वर्तनी शुद्ध है।

'अनधिकार' का अर्थ 'अधिकार रहित' है।

अन्य विकल्प:

अशुद्ध वर्तनी	शुद्ध वर्तनी
अतिथी	अतिथि
उन्नती	उन्नति
रेणू	रेणु

अतः विकल्प (D) सही है।

18. 'मांसाहारी' की वर्तनी शुद्ध है।

'मांसाहारी' का अर्थ 'मांस भक्षी' है।

अन्य विकल्प:

शुद्ध वर्तनी	अशुद्ध वर्तनी	अर्थ
व्यापार	व्योपार	पेशा
सामग्री	सामिग्री	सामान
संधि	संधी	मेल

अतः विकल्प (C) सही है।

19. दिए गए विकल्पों में चाक्षुष शब्द की वर्तनी शुद्ध है।

'चाक्षुष' का अर्थ 'नेत्र संबंधी' है।

अन्य विकल्प:

शुद्ध वर्तनी	अशुद्ध वर्तनी	अर्थ
कालिन्दी	कालंदी	यमुना नदी
ऐच्छिक	एच्छिक	स्वेच्छा से किया जानेवाला
इमारत	ईमारत	मकान

अतः विकल्प (A) सही है।

20. दिए गए विकल्पों में सरोजनी शब्द की वर्तनी अशुद्ध है।

सरोजनी की सही वर्तनी होगी - सरोजिनी

'सरोजिनी' का अर्थ 'कमल से भरा तालाब' या 'कमल समूह' है।

अतः विकल्प (C) सही है।

21. दिए गए विकल्पों में तिरस्कार शब्द में वर्तनी शुद्ध है। अन्य विकल्प असंगत है।

तिरस्कार का अर्थ- अपमान

अन्य विकल्प:

अशुद्ध वर्तनी	शुद्ध वर्तनी
तिरोस्कार	तिरस्कार
तथास्त	तठस्थ

तिरोभ्हाव	तिरोभाव

अतः विकल्प (D) सही है।

22. दिए गए विकल्पों में प्रतिक्रिया शब्द की वर्तनी शुद्ध है।

'प्रतिक्रिया' का अर्थ 'क्रिया के विरोध में होने वाली घटना' है।

वर्तनी: लिखने की रीति को वर्तनी कहते हैं। 'वर्तनी' शब्द का अर्थ उच्चारित होने वाले शब्द के लेखन में प्रयोग होने वाले लिपि चिह्नों के व्यवस्थित रूप को वर्तनी कहा जाता है।

अतः विकल्प (A) सही है।

23. उपरोक्त विकल्पों में से शुद्ध वर्तनी- संगृहीत है।

अन्य विकल्प वर्तनीगत अशुद्ध हैं।

अन्य विकल्प:

अशुद्ध शब्द	शुद्ध शब्द
अरपन	अर्पण
अनभिग्य	अनभिज्ञ
अहार	आहार

अतः विकल्प (B) सही है।

24. 'अनुत्तर' शब्द वर्तनीगत शुद्ध है। 'उत्तर' शब्द में 'अन' उपसर्ग जुड़कर 'अनुत्तर' शब्द बना है।

ऐसे शब्दांश जो किसी शब्द के पूर्व जुड़कर उसके अर्थ में परिवर्तन कर देते हैं।

जैसे- प्रति + क्षण = प्रतिक्षण, सम् + गम = संगम

अतः विकल्प (C) सही है।

25. उपरोक्त विकल्पों में 'प्रदर्शनी' शब्द वर्तनीगत शुद्ध है। '**प्रदर्शनी**' शब्द का अर्थ वह स्थान जहाँ तरह-तरह की वस्तुएँ दिखाने के लिए रखी हों ; नुमाइश।

अन्य विकल्प:

अशुद्ध शब्द	शुद्ध शब्द	अर्थ
कालीदास	कालिदास	संस्कृत के एक श्रेष्ठ कवि का नाम जिन्होंने अभिज्ञात शाकुंतल, विक्रमोर्वशीय, और, मालविकाग्नि- मित्र नाटक तथा रघुवंश, कुमारसंभव, मेघदूत और ऋतुसंहार नामक काव्यों की रचना की थी ।
सिरोजिनी	सरोजनी	कमल से भरा तालाब।
शताब्दि	शताब्दी	सौ वर्ष की अवधि की सूचक संज्ञा।

अतः विकल्प (C) सही है।

26. दिए गए विकल्पों में 'द्रवीभूत' शब्द की वर्तनी शुद्ध है। अन्य सभी शब्दों की वर्तनी त्रुटि पूर्ण हैं।

अतः विकल्प (B) सही है।

27. उपरोक्त विकल्पों में से शुद्ध वर्तनी 'शांतिमय' है।

अन्य विकल्प वर्तनीगत अशुद्ध हैं।

अशुद्ध शब्द	शुद्ध शब्द
आक्षादन	आच्छादन
अध्यात्मिक	आध्यात्मिक
अजीविका	आजीविका

अतः विकल्प (C) सही है।

28. उपरोक्त विकल्पों में से शुद्ध वर्तनी 'अद्भुत' है।

अन्य विकल्प वर्तनीगत अशुद्ध हैं।

अशुद्ध शब्द	शुद्ध शब्द
अध्यन	अध्ययन
आद्र	आर्द्र
अकांक्षा	आकांक्षा

अतः विकल्प (D) सही है।

29. उपरोक्त विकल्पों में से शुद्ध वर्तनी 'साम्य' है।

अन्य विकल्प वर्तनीगत अशुद्ध हैं।

अशुद्ध शब्द	शुद्ध शब्द
उच्चरण	उच्चारण
आधीन	अधीन
अनाधिकार	अनधिकार

अतः विकल्प (C) सही है।

30. 'जिजीविषा' शुद्ध है, बाकी तीनों अशुद्ध हैं।

जिजीविषा का अर्थ है-जीने की इच्छा।

वाक्य प्रयोग: बहुत जटिल है प्राणी की जिजीविषा को समझना।

अतः विकल्प (B) सही है।

Ques (1-5):निर्देशः निम्नलिखित गद्यांश को ध्यानपूर्वक पढ़कर उसके नीचे दिये गये बहुविकल्पी प्रश्नों में सही विकल्प का चयन करें।

शिक्षा साध्य नहीं है, अपितु साध्य तक पहुँचने का एक साधन है। हम बच्चों को केवल शिक्षित बनाने के उद्देश्य से ही शिक्षा नहीं देते बल्कि हमारा उद्देश्य उन्हें जीवन के लिए सक्षम बनाना है। ज्यों ही हम इस तथ्य को जान लेते हैं हम शिक्षा के वास्तविक लक्ष्य से परिचित हो जाते हैं। बहुत से आधुनिक देशों में यह सोचना फैशन हो गया है कि अमीर-गरीब, चतुर-मूर्ख सबको निःशुल्क शिक्षा देकर कोई भी समाज अपनी सब समस्याएँ सुलझा सकता है और एक परिपूर्ण राष्ट्र का निर्माण कर सकता है परंतु यह काफी नहीं है। ऐसे देशों में हमें अनेक डिग्रीधारी नवयुवक बेरोजगार दिखाई पड़ते हैं, क्योंकि वे हाथ से काम करने को हेय दृष्टि से देखने लगते हैं। इस परिप्रेक्ष्य में हमें अपनी शिक्षा-व्यवस्था पर पुनर्विचार करने की बड़ी भारी आवश्यकता है। इतना काफी नहीं है कि शिक्षा की तो व्यवस्था पहले मिले, उसे चुन लिया जाय अथवा अपनी पुरानी शिक्षा व्यवस्था को चालू रखा जाय, बिना इस बात की परीक्षा किये और देखे कि यह वास्तव में उपयुक्त है अथवा नहीं।

Q.1 निःशुल्क शिक्षा से क्या हानि है?

A. अनेक युवक बेरोजगार रहते हैं

B. अच्छे नागरिक बनने के लिए

C. शिक्षित बनाने के लिए

D. शिक्षा के वास्तविक लक्ष्य से परिचित हो जाते हैं

Q.2 हमें अपनी शिक्षा-व्यवस्था पर क्या करना चाहिए?

A. पुनर्विचार   **B.** पुनर्मिलन

C. आघात   **D.** इनमें से कोई नहीं

Q.3 समाज की सभी समस्याएँ दूर की जा सकती हैं:

A. सभी को शिक्षित कर   **B.** समाज का विकास कर

C. अमीरों को शिक्षित कर   **D.** गरीबों को शिक्षित कर

Q.4 बच्चों को किस उद्देश्य से शिक्षा दी जाती है?

A. नौकरी प्राप्त करने के लिए

B. अच्छे नागरिक बनने के लिए

C. शिक्षित बनाने के लिए

D. जीवन को सक्षम बनाने के लिए

Q.5 शिक्षा का उद्देश्य है:

A. गरीबी मिटाओ

B. हाथ से कार्य करने में बुरा मानते है

C. उपरोक्त दोनों

D. इनमें से कोई नहीं

Ques (6-10):निर्देशः निम्नलिखित गद्यांश को ध्यानपूर्वक पढ़कर उसके नीचे दिये गये बहुविकल्पी प्रश्नों में सही विकल्प का चयन करें।

भारत गाँवों का देश है। भारत की अधिकतम जनता गाँवों में निवास करती हैं। महात्मा गाँधी कहते थे कि वास्तविक भारत का दर्शन गाँवों में ही सम्भव है जहाँ भारत की आत्मा बसी हुई है। आज हममें से कितने लोगों ने गाँव देखे हैं? गाँव जिन्हें भगवान ने बनाया, जहाँ प्रकृति का सौन्दर्य बिखरा पड़ा है- हरे भरे खेत, कल कल करती नदियाँ, कुँयें की रहट पर सजी धजी औरतों की खिलखिलाहट, हुक्का पीते किसान, गाय के पीछे दौड़ते बच्चे, पेड़ों से आम तोड़कर खट्टे आम खाती किशोरियाँ, तितलियाँ पकड़ते किशोरन बाजरा और मक्की की रोटी, दूध दही, मक्खन और घी की बहुलता यह सब कल्पना में आता है जब हम गाँव की बात करते हैं। भारत के गाँव उन्नत और समृद्ध थे। ग्रामीण कृषक कृषि पर गर्व अनुभव करते थे, संतुष्ट थे। गाँवों में कुटीर उद्योग

फलते फूलते थे। लोग सुखी थे। भारत के गाँवों में स्वर्ग बसता था। किन्तु समय बीतने के साथ नगरों का विकास होता गया और गाँव पिछड़ते गये।

भारत के गाँवों की दशा अब दयनीय है। इसका मुख्य कारण अशिक्षा है। अशिक्षित होने के कारण ग्रामीण अत्यधिक आस्तिक, रूढ़िवादी और पौराणिक विचारधारा के हैं। गाँवों में साहूकारों, जमींदारों और व्यापारियों का अनावश्यक दबदबा है। किसान प्रकृति पर निर्भर करते हैं और सदैव सूखा तथा बाढ़ की चपेट में आकर नुकसान उठाते हैं। कर्जों में फंसे, तंगी में जीते, छोटे छोटे झगड़ों को निपटाने के लिए कचहरी के चक्कर लगाते हुए ये अपना जीवन बिता देते हैं। गाँव में कृषि कार्य पर पूरी तरह निर्भरता अब पूरे परिवार की जरूरतों को पूरा नहीं कर पाती। जनसंख्या के निरंतर विकास से खेत छोटे छोटे हो रहे हैं। अतः कृषि के आधुनिक साधन प्रयोग नहीं हो पाते। संक्षेप में गाँववासी अब नगरों की चकाचौंध से प्रभावित हैं। युवा अब गाँव में नहीं रहना चाहता। वह शिक्षा, नौकरी और सुख सुविधाओं का पीछा करते हुए नगर पहुँचता है। सरकार गाँवों के विकास के लिये प्रयत्न कर रही है। गाँवों में बिजली, पानी, शिक्षा और इलाज के लिए सभी सुविधायें जुटा रही है। बैंक इत्यादि गाँवों की उन्नति में अपना पूर्ण सहयोग दे रही हैं।

Q.6 दिए गये गद्यांश का शीर्षक क्या होगा?

A. गाँव   **B.** भारत के गाँव

C. गाँव और शहर   **D.** गाँव के दिन

Q.7 गाँवों की दयनीय दशा का कारण क्या है?

A. अशिक्षा   **B.** कृषि

C. अशिक्षा और कृषि   **D.** औद्योगीकरण

Q.8 गाँव की उन्नति में कौन सहयोग कर रहा है?

A. पुलिस   **B.** बैंक

C. ग्रामीण लोग   **D.** सरकारी कर्मचारी

Q.9 भ्रष्टाचार निम्न में से किसे प्रभावित करता है?

A. जनता   **B.** राष्ट्र

C. समाज   **D.** (B) और (C)

Q.10 भारत की आत्मा कहाँ बसी हुई है?

A. भारत में   **B.** गाँवों में

C. शहर में   **D.** इनमें से कोई नहीं

Ques (11-15):निर्देशः निम्नलिखित गद्यांश को ध्यानपूर्वक पढ़कर उसके नीचे दिये गये बहुविकल्पी प्रश्नों में सही विकल्प का चयन करें।

प्रेम आत्मा का भोजन है, प्रेम परमात्मा की ऊर्जा है जिससे प्रकृति का सारा सृजन होता है। आध्यात्म जगत में प्रेम से ज्यादा महत्त्वपूर्ण कोई शब्द नहीं है। यही वह रसायन है जो आत्मा को परमात्मा से जोड़ देता है। जब आप प्रेम में उतर जाते हो तो प्रेम का प्रत्युत्तर अपने आप आना शुरू हो जाता है। आप सद्गुरु की आँखों में प्रेम से झांकते हो तो सद्गुरु की प्रेम ऊर्जा आपको ऐसे लपेटने लगती है कि आप मंत्रमुग्ध होकर उसी के हो जाते हो। सद्गुरु को पकड़ो। पकड़ने का अर्थ है – सबसे पहले वहां साष्टांग हो जाओ, झुक जाओ यानि अहंकार के विसर्जन का, प्रेम का, प्रीती का अभ्यास सद्गुरु के चरणों से शुरू करो। एक बात और है – प्रेम करना नहीं होता, प्रेम तो स्वयं हो जाता है। लेकिन इस प्रेम के होने में बुद्धि सबसे बड़ी बाधा बन जाती है। बुद्धि सोच विचार करती है। तर्क वितर्क करती है, वह खुले हृदय से अनुभव नहीं करने देती। बुद्धि बंधन है, उसी से मुक्त होना है और उपलब्ध रहना है उन प्रेम के क्षणों में। प्रेम की भूल-भुलैया का जरा अनुभव तो करो, लेकिन बुद्धि से नहीं, हृदय खोलकर प्रेम का दिया बनो। प्रेम का अर्थ होता है – दूसरों को इतना अपना बना लेना कि कुछ छिपाने को बचे ही नहीं। एक कसौटी दे रहा हूँ आपको, जब आपको लगने लगे कि उससे छिपाने को

कुछ भी नहीं रहा तब समझना कि आपको सच्चे अर्थों में प्रेम हो गया है। सद्गुरु ही एकमात्र व्यक्तित्व है जो निःस्वार्थ प्रेम करता है। उसे आपसे कुछ पाना नहीं है। उसे तो अपना सब कुछ आपके ऊपर लुटाना है। उसके प्रति प्रेम करने में कठिनाई का अनुभव नहीं होना चाहिए। वह तो खूँटी है। उसी खूँटी से अभ्यास करो। ऋषियों ने कहा है, प्रकृति से प्रेम करो। फिर धीरे-धीरे मनुष्य पर आओ। मनुष्य से आकर आप सीधे परमात्मा तक पहुंचोगे। ऋषियों ने **पहाड़ों** को पूजा, नदियों को पूजा, वृक्षों को पूजा, चाँद-तारों को पूजा। किसलिए? उन्होंने सन्देश दिया कि सारी पृथ्वी से प्रेम करो। **विराट** अस्तित्व ही परमात्मा है। सबके प्रति प्रेम से इतना भर जाओ कि आपकी लय, आपका संगीत, आपका छंद उस परमात्मा से जुड़ जाये। जो-जो शरीर में है वह सब ब्रह्मांड में है। सारे धर्म इसी बात का **विज्ञान** हैं और कुछ नहीं। प्रेम की एक ही साधना है, एक ही संकल्पना है जिसके साध लेने पर आध्यात्म की सारी साधनाएँ प्रकट हो जायेंगी।

Q.11 पहाड़ का पर्यायवाची क्या होगा?

A. मारुत **B.** मंजरी **C.** गिरि **D.** पदम

Q.12 विराट का विलोम क्या है?

A. अग्रज **B.** अनेक **C.** ऊपर **D.** सूक्ष्म

Q.13 'विज्ञान' में कौन सा उपसर्ग है?

A. आन **B.** वि **C.** न **D.** वी

Q.14 दिये गए गद्यांश का शीर्षक क्या होगा?

A. प्रेम रसायन **B.** परमात्मा प्रेम

C. भागवत प्रेम **D.** प्रीति का अभ्यास

Q.15 जो शरीर में है वह और कहाँ है?

A. इतिहास में **B.** प्रकृति में **C.** ब्रह्मांड में **D.** विज्ञान में

Ques (16-20):निर्देश: निम्नलिखित गद्यांश को ध्यानपूर्वक पढ़कर उसके नीचे दिये गये बहुविकल्पी प्रश्नों में सही विकल्प का चयन करें।

आज जिंदगी जीने के लिए लगातार गतिशील रहना और कर्म में अंतहीन लगे रहना आवश्यक हो गया है। इसमें सोच-विचार की ज्यादा गुंजाइश नहीं है। जब मणिकर्णिका घाट पर ठहरते हैं तब कर्म, जरूरतों व इच्छाओं की निरर्थकता आपके ध्यान में आती है। खुद का महत्व बनाए रखने की बाध्यता, पड़ोसी, जीवनसाथी और अपने समकक्षियों की नज़र में अहमियत बनाए रखने की छटपटाहट की व्यर्थता समझ में आती है। किंतु यह सब मृत्यु के बारे में नहीं, जीवन के बारे में है और मृत्यु की इस प्रखर स्मृति से कई बार हमें जीवन का अर्थ मिल जाता है। विरोधाभासी लगता है, नहीं? तो क्या जिंदगी का मतलब है कुछ न करना? क्योंकि आखिर तो सबकुछ का निष्कर्ष शून्य में ही निकलता है? वास्तविकता इसके विपरीत है। अर्थ है शाश्वत जीवन को पहचानने में। जीवन की शाश्वतता को स्वीकारने में जिस तरह काशी हमें यह संदेश देती है। इसे हमें समझाती है। जीवन वह नहीं है, जो हमारी सांसों की गिनती या हमारे शरीर या हम जिन्हें चाहते हैं, उससे व्यक्त होता है बल्कि ऐसा जीवन, जो मानव अस्तित्व से भी बड़ा हो। जीवन निःसंदेह एक सतत धारा है। वह हमसे पहले बहती रही है और निश्चित ही हमारे बाद भी बहती रहेगी। उन कदमों के तले, जो उस मार्ग पर चलेंगे, जो हम पीछे छोड़ जाएंगे। यह राह वहीं है, जो हमारे कर्मों से बनती है और इसलिए हमें सच्चे अर्थों में इनकी परवाह होनी चाहिए। जैसे की लोकप्रिय अर्थों में कल्पना की गई है ये बहुत महान कर्म होना जरूरी नहीं है बल्कि सकारात्मक कर्म होना चाहिए। हमारे जीवन के ये कर्म भविष्य की पीढ़ियों के लिए बनने वाले मार्ग की नींव की इकाई होंगे। ये सरल से चुनाव हो सकते हैं, जो हमें सद्मार्ग पर ले जाते हों। प्लास्टिक की थैलियाँ इस्तेमाल न करने जैसे साधारण व व्यावहारिक चुनाव से लेकर किसी ऐसे बच्चे को शिक्षित करने तक, जिसे अवसर की तलाश हो पर इसके लिए उसके पास साधन न हों। शाश्वत सत्य के आलोक में हमें यह तय करना होगा कि शांति का मतलब क्या है? क्या इसका मतलब ध्यान है, जीवन से निवृत्त होकर किसी आश्रम में चले जाना है, किसी गुरु की शरण में होना है या यह कुछ बहुत ही तात्कालिक, वास्तविक जिंदगी की गहराई में थोड़ा और उतरना है? हमें इसकी तलाश में वास्तविकता से

पलायन नहीं करना चाहिए। हमें इसे स्वीकार करने के लिए वास्तविकता से दूरी बनाने की जरूरत नहीं है।

Q.16 जीवन जीने के लिए क्या आवश्यक है?

A. ठहरना

B. गतिशील रहना और कर्म करना

C. निरर्थकता को ध्यान रखना

D. अहमियत बनाए रखने में

Q.17 मणिकर्णिका घाट पर ठहरते समय क्या ध्यान में आता है?

A. सोच-विचार का **B.** पड़ोसी का

C. इच्छाओं की निरर्थकता **D.** जीवनसाथी का

Q.18 मृत्यु की प्रखर स्मृति से हमें क्या मिलता है?

A. विरोधाभास **B.** जीवन का अर्थ

C. निष्कर्ष **D.** व्यर्थता

Q.19 जीवन क्या है?

A. अस्तित्व **B.** एक सतत धारा

C. शाश्वतता **D.** कर्म

Q.20 'निवृत्त' का पर्यायवाची क्या है?

A. विधि **B.** मुक्ति **C.** उत्थान **D.** प्रभा

Ques (21-25):निर्देश: नीचे दिये गए गद्यांश को पढ़कर पूछे गये प्रश्नों के उत्तर दीजिए।

द्विवेदी जी की बहुत बड़ी शक्ति है, पांडित्य को पीछे रखकर सहज होने पाने की क्षमता। वे बड़ी से बड़ी बात को सरल-सहज शैली में कह कर पाठक का विश्वास अर्जित कर सकते हैं। उनकी शैली अनौपचारिक होती है। उसमें पांडित्य और लोक जीवन का सहज प्रवाह दोनों हैं। जैनेन्द्र कुमार, सियारामशरण गुप्त, राहुल सांकृत्यायन, पदुमलाल पुन्नालाल बख्शी, बाबू गुलाबराय, सद्गुरूशरण अवस्थी आदि छायावाद युग के अन्य उल्लेखनीय निबंधकार। शिवपूजन सहाय सहज सरल शैली के गद्यकार थे। 'हिमालय', 'बालक' और 'मतवाला' के संपादक के रूप में उन्होंने हिन्दी के उन्नयन में बड़ा महत्वपूर्ण योग दिया है।

Q.21 'उन्नयन' का अर्थ है:

A. अवरोध **B.** अवमूल्यन **C.** विकास **D.** ह्रास

Q.22 शिवपूजन सहाय किसके संपादक नहीं थे?

A. हिमालय **B.** बालक **C.** मतवाला **D.** सरस्वती

Q.23 उल्लिखित युग के निबंधकार नहीं हैं

A. विद्यानिवास मिश्र **B.** बाबू गुलाब राय

C. जैनेन्द्र कुमार **D.** राहुल सांकृत्यायन

Q.24 गद्यांश में पांडित्य का आशय है:

A. महानता **B.** मौलिकता **C.** धार्मिकता **D.** विद्वता

Q.25 द्विवेदी जी की शैली है:

A. औपचारिक **B.** विदग्ध

C. अनौपचारिक **D.** प्रतीकात्मक

Ques (26-30):निर्देश: निम्नलिखित गद्यांश को ध्यानपूर्वक पढ़कर पूछे गए बहुविकल्पीय प्रश्नों के लिए सर्वाधिक उपयुक्त विकल्प का चुनाव कीजिए।

इस प्रकार हम देखते हैं कि श्रम विभाजन की दृष्टि से भी जाति-प्रथा गंभीर दोषों से युक्त है। जाति प्रथा का श्रम विभाजन मनुष्य की इच्छा पर निर्भर नहीं रहता। मनुष्य की व्यक्तिगत भावना तथा व्यक्तिगत रुचि का इसमें कोई स्थान अथवा महत्त्व नहीं रहता। 'पूर्व लेख' ही इसका आधार है। इस आधार पर हमें यह स्वीकार करना पड़ेगा कि आज के उद्योगों में गरीबी और उत्पीड़न इतनी बड़ी समस्या नहीं जितनी यह कि बहुत से लोग 'निर्धारित

कार्य को 'अरुचि' के साथ केवल विवशतावश करते हैं। ऐसी स्थिति स्वभावतः मनुष्य को दुर्भावना से ग्रस्त रहकर टालू काम करने और कम काम करने के लिए प्रेरित करती है। ऐसी स्थिति में जहाँ काम करने वालों का न दिल लगता हो न दिमाग, कोई कुशलता कैसे प्राप्त की जा सकती है। अतः यह निर्विवाद रूप से सिद्ध हो जाता है कि आर्थिक पहलू से भी जाति-प्रथा हानिकारक प्रथा है, क्योंकि यह मनुष्य की स्वाभाविक प्रेरणारुचि व आत्म-शक्ति को दबाकर उन्हें अस्वाभाविक नियमों में जकड़ कर निष्क्रिय बना देती है।

Q.26 श्रम विभाजन की दृष्टि से भी जाति-प्रथा किससे युक्त है?

A. दुःखद दोषों से **B.** सुखद परिणामों से
C. गंभीर दोषों से **D.** सरल दोषों से

Q.27 जाति-प्रथा का श्रम विभाजन किस पर निर्भर नहीं रहता?

A. मनुष्य की शिक्षा पर **B.** मनुष्य की स्वेच्छा पर
C. मनुष्य की गलती पर **D.** मनुष्य की समझदारी पर

Q.28 श्रम विभाजन पर मनुष्य की किस भावना का कोई महत्त्व नहीं रहता?

A. भेदभावपूर्ण भावना **B.** सामाजिक भावना
C. व्यक्तिगत भावना **D.** राजनीतिक भावना

Q.29 किसी भी काम में कुशलता कब प्राप्त नहीं होती है?

A. जब तक व्यक्ति का दिल और दिमाग काम नहीं करता
B. जब तक समाज से सहायता प्राप्त नहीं होती
C. जब तक परिवार का सहयोग नहीं मिलता
D. जब तक व्यक्ति चिंताओं से नहीं घिरता है

Q.30 जाति-प्रथा मनुष्य को निष्क्रिय कैसे बना देती है?

A. मनुष्य की स्वाभाविक प्रेरणारुचि को दबाकर
B. मनुष्य की आत्मशक्ति को दबाकर
C. (A) और (B) दोनों
D. मनुष्य को आलसी बनाकर

// स्मार्ट उत्तर पुस्तिका //

सही उत्तर उन छात्रों का प्रतिशत जिन्होंने प्रश्नों का सही उत्तर दिया था।   **छोड़ दिया** उन छात्रों का प्रतिशत जिन्होंने प्रश्नों को छोड़ दिया था।

प्रश्न संख्या	उत्तर	सही उत्तर / छोड़ दिया	प्रश्न संख्या	उत्तर	सही उत्तर / छोड़ दिया	प्रश्न संख्या	उत्तर	सही उत्तर / छोड़ दिया	प्रश्न संख्या	उत्तर	सही उत्तर / छोड़ दिया	प्रश्न संख्या	उत्तर	सही उत्तर / छोड़ दिया	प्रश्न संख्या	उत्तर	सही उत्तर / छोड़ दिया
1	A	40.17 % / 39.93 %	6	B	48.39 % / 30.27 %	11	C	50.27 % / 46.13 %	16	B	68.61 % / 30.89 %	21	A	64.03 % / 32.68 %	26	C	47.4 % / 32.43 %
2	A	48.86 % / 30.48 %	7	A	42.44 % / 41.03 %	12	D	52.26 % / 32.57 %	17	C	69.06 % / 30.36 %	22	D	41.85 % / 45.39 %	27	B	62.53 % / 37.29 %
3	A	63.51 % / 35.97 %	8	B	61.65 % / 32.4 %	13	B	58.34 % / 35.5 %	18	B	69.69 % / 30.04 %	23	A	59.45 % / 38.42 %	28	C	46.7 % / 35.61 %
4	D	40.38 % / 48.18 %	9	D	68.34 % / 30.44 %	14	A	66.47 % / 32.75 %	19	B	64.04 % / 35.87 %	24	D	51.11 % / 39.08 %	29	A	58.19 % / 40.99 %
5	D	69.37 % / 30.21 %	10	B	48.56 % / 47.88 %	15	C	42.27 % / 34.65 %	20	B	52.65 % / 31.59 %	25	C	46.62 % / 38.42 %	30	C	66.47 % / 32.7 %

//संकेत और समाधान//

1. निःशुल्क शिक्षा से हानि यह है कि अनेक युवक बेरोजगार रहते हैं। अन्य विकल्प असंगत है।

गद्यांश के अनुसार: बहुत से आधुनिक देशों में यह सोचना फैशन हो गया है कि अमीर-गरीब, चतुर-मूर्ख सबको निःशुल्क शिक्षा देकर कोई भी समाज अपनी सब समस्याएँ सुलझा सकता है और एक परिपूर्ण राष्ट्र का निर्माण कर सकता है परंतु यह काफी नहीं है। ऐसे देशों में हमें अनेक डिग्रीधारी नवयुवक बेरोजगार दिखाई पड़ते हैं, क्योंकि वे हाथ से काम करने को हेय दृष्टि से देखने लगते हैं।

अत: विकल्प (A) सही है।

2. हमें अपनी शिक्षा-व्यवस्था पर पुनर्विचार करना चाहिए। अन्य विकल्प असंगत है।

गद्यांश के अनुसार: इस परिप्रेक्ष में हमें अपनी शिक्षा-व्यवस्था पर पुनर्विचार करने की बड़ी भारी आवश्यकता है। इतना काफी नहीं है कि शिक्षा की तो व्यवस्था पहले मिले, उसे चुन लिया जाय।

अत: विकल्प (A) सही है।

3. सभी को शिक्षित कर समाज की सभी समस्याएँ दूर की जा सकती हैं। अन्य विकल्प असंगत है।

गद्यांश के अनुसार: बहुत से आधुनिक देशों में यह सोचना फैशन हो गया है कि अमीर-गरीब, चतुर-मूर्ख सबको निःशुल्क शिक्षा देकर कोई भी समाज अपनी सब समस्याएँ सुलझा सकता है और एक परिपूर्ण राष्ट्र का निर्माण कर सकता है परंतु यह काफी नहीं है।

अत: विकल्प (A) सही है।

4. बच्चों को जीवन को सक्षम बनाने के लिए शिक्षा दी जाती है। अन्य विकल्प असंगत है।

गद्यांश के अनुसार: शिक्षा साध्य नहीं है, अपितु साध्य तक पहुँचने का एक साधन है। हम बच्चों को केवल शिक्षित बनाने के उद्देश्य से ही शिक्षा नहीं देते बल्कि हमारा उद्देश्य उन्हें जीवन के लिए सक्षम बनाना है।

अत: विकल्प (D) सही है।

5. शिक्षा का उद्देश्य बच्चों को उन्हें जीवन के लिए सक्षम बनाना है।

गद्यांश के अनुसार: शिक्षा साध्य नहीं है, अपितु साध्य तक पहुँचने का एक साधन है। हम बच्चों को केवल शिक्षित बनाने के उद्देश्य से ही शिक्षा नहीं देते बल्कि हमारा उद्देश्य उन्हें जीवन के लिए सक्षम बनाना है।

अत: विकल्प (D) सही है।

6. दिए गये गद्यांश का शीर्षक "भारत के गाँव" होगा।

गद्यांश के अनुसार: भारत गाँवों का देश है। भारत की अधिकतम जनता गाँवों में निवास करती हैं।

अत: विकल्प (B) सही है।

7. गाँवों की दयनीय दशा का कारण अशिक्षा है।

गद्यांश के अनुसार: भारत के गाँवों की दशा अब दयनीय है। इसका मुख्य कारण अशिक्षा है।

अत: विकल्प (A) सही है।

8. गाँव की उन्नति में बैंक सहयोग कर रहा है।

गद्यांश के अनुसार: बैंक इत्यादि गाँवों की उन्नति में अपना पूर्ण सहयोग दे रही हैं।

'उन्नति' का विलोम है 'अवनति'

9. यहाँ उपयुक्त गद्यांश के अनुसार (B) और (C) सही विकल्प है। अन्य विकल्प असंगत हैं।

भ्रष्ट का अर्थ है- बुरा या बिगड़ा हुआ और आचार का अर्थ है आचरण।

सन्दर्भ वाक्य: यह हमारे समाज और राष्ट्र के सभी अंगों को बहुत ही गंभीरतापूर्वक प्रभावित किए जा रहा है।

अत: विकल्प (D) सही है।

10. 'गाँव' के विलोम शब्द है - 'शहर'

सन्दर्भ वाक्य: महात्मा गाँधी कहते थे कि वास्तविक भारत का दर्शन गाँवों में ही सम्भव है जहाँ भारत की आत्मा बसी हुई है।

अत: विकल्प (B) सही है।

11. 'पहाड़' का पर्यायवाची 'गिरि' है।

इसके अन्य पर्यायवाची- अचल, भूमिधर, तुंग

अन्य विकल्प:

शब्द	पर्यायवाची
मारुत	बयार, पवन, वायु
मंजरी	सुमन, कुसुम, पुष्प
पदम	पेड़, वृक्ष, विटप

अत: विकल्प (C) सही है।

12. 'विराट' का विलोम 'सूक्ष्म' है।

विराट' का अर्थ- अत्यंत विशाल

अन्य विकल्प:

शब्द	विलोम
ऊपर	नीचे
अनेक	एक
अग्रज	अनुज

अत: विकल्प (D) सही है।

13. 'विज्ञान' में 'वि' उपसर्ग है।

'ज्ञान' मूल शब्द में 'वि' उपसर्ग जुड़कर 'विज्ञान' शब्द बना है।

इसका अर्थ- जानकारी होता है।

अन्य विकल्प:

- 'आन' प्रत्यय है। इससे बने शब्द- थकान, मिलान आदि हैं।
- 'न' एक प्रत्यय है। इससे बने शब्द- बंधन, बेलन आदि हैं।

अत: विकल्प (B) सही है।

14. इस गद्यांश उचित शीर्षक प्रेम रसायन है। अन्य विकल्प असंगत हैं।

अत: विकल्प (A) सही है।

15. ऋषियों ने पहाड़ों को पूजा, नदियों को पूजा, वृक्षों को पूजा, चाँद-तारों को पूजा। किसलिए? उन्होंने सन्देश दिया कि सारी पृथ्वी से प्रेम करो। विराट अस्तित्व ही परमात्मा है। सबके प्रति प्रेम से इतना भर जाओ कि आपकी लय, आपका संगीत, आपका छंद उस परमात्मा से जुड़ जाये। जो-जो शरीर में है वह सब ब्रह्मांड में है। सारे धर्म इसी बात का विज्ञान हैं और कुछ नहीं।

अन्य विकल्प:

- इतिहास में- प्राचीन एवं विगत काल की घटनाओं का संग्रह
- प्रकृति में- स्वभाव, मिजाज, वह मूलतत्व जिसका परिणाम जगत् है

- विज्ञान में- जानकारी

अत: विकल्प (C) सही है।

16. जीवन जीने के लिए गतिशील रहना और कर्म करना आवश्यक है। इसमें सोच-विचार की ज्यादा गुंजाइश नहीं है। अन्य विकल्प असंगत हैं।

अत: विकल्प (B) सही है।

17. जब मणिकर्णिका घाट पर ठहरते हैं तब कर्म, जरूरतों व इच्छाओं की निरर्थकता आपके ध्यान में आती है।

अन्य विकल्प:

जब व्यक्ति मणिकर्णिका घाट पर होता है तब उसे पड़ोसी, जीवनसाथी और अन्य समकक्षियों के की नज़र में अहमियत बनाए रखने की छटपटाहट की व्यर्थता समझ में आती है।

अत: विकल्प (C) सही है।

18. मृत्यु की इस प्रखर स्मृति से कई बार हमें जीवन का अर्थ मिल जाता है।

अन्य विकल्प:

- विरोधाभास- जिसमें विरोध का वर्णन होते हुए भी विरोध का आभास हो।
- निष्कर्ष- परिणाम
- व्यर्थता- व्यर्थ होने की स्थिति या भाव

अत: विकल्प (B) सही है।

19. मृत्यु की इस प्रखर स्मृति से कई बार हमें जीवन का अर्थ मिल जाता है। विरोधाभासी लगता है, नहीं? तो क्या जिंदगी का मतलब है कुछ न करना? क्योंकि आखिर तो सबकुछ का निष्कर्ष शून्य में ही निकलता है? वास्तविकता इसके विपरीत है। अर्थ है शाश्वत जीवन को पहचानने में। जीवन की शाश्वतता को स्वीकारने में जिस तरह काशी हमें यह संदेश देती है। इसे हमें समझाती है। जीवन वह नहीं, जो हमारी सांसों की गिनती या हमारे शरीर या हम जिन्हें चाहते हैं, उससे व्यक्त होता है बल्कि ऐसा जीवन, जो मानव अस्तित्व से भी बड़ा हो। जीवन नि:संदेह एक सतत धारा है।

अन्य विकल्प:

- अस्तित्व- होने का भाव, हस्ती, मौजूदगी
- शाश्वतता- निरंतरता
- कर्म- क्रिया, कम, आचरण

अत: विकल्प (B) सही है।

20. 'निवृत्त' का पर्यायवाची 'मुक्ति' है।

इसके अन्य पर्यायवाची- अवरत, उपरत, निपटा, बरी, विमुख, विरत

अन्य विकल्प:

शब्द	पर्यायवाची
विधि	विधाता, प्रजापति, निर्माता
प्रभा	ज्योति, चमक, प्रकाश
उत्थान	उत्कर्ष, प्रगति, उत्क्रमण

अत: विकल्प (B) सही है।

21. 'उन्नयन' का अर्थ है अवरोध।

शब्द	अर्थ
अवरोध	चेतावनी
अवमूल्यन	मूल्य में कमी करना या होना।
शैली	ढंग; तरीका
विकास	प्रगति

अत: विकल्प (A) सही है।

22. शिवपूजन सहाय 'सरस्वती' के संपादक नहीं थे।

शिवपूजन सद्वाय सहज सरल शैली के गद्यकार थे।

शब्द	पर्यायवाची
हिमालय	गिरिराज, शैलेंद्र, गिरींद्र, पर्वतेश्वर, गिरीश, पर्वतराज।
बालक	शिशु, लड़का, बच्चा
मतवाला	नशे में चूर
सरस्वती	शारदा, भारती, वीणापाणि, विमला, वागीश, वागेश्वरी आदि हैं।

अत: विकल्प (D) सही है।

23. 'विद्यानिवास मिश्र' उल्लिखित युग के निबंधकार नहीं हैं।

शुक्ल-युग के अन्य निबंधकारों में डॉ० गुलाब राय, पदुमलाल पुन्नालाल बख्शी, माखनलाल चतुर्वेदी, वियोगी हरि, राय कृष्णदास, वासुदेव शरण अग्रवाल, शांतिप्रिय द्विवेदी आदि महत्वपूर्ण हैं।

अत: विकल्प (A) सही है।

24. गद्यांश में पांडित्य का आशय है 'विद्वत्ता'।

द्विवेदी जी की बहुत बड़ी शक्ति है, पांडिल्य को पीछे रखकर सहज हों पाने की क्षमता।

वे बड़ी से बड़ी बात को सरल-सहज शैली में कह कर पाठक का विश्वास अर्जित कर सकते हैं।

उनकी शैली अनौपचारिक होती है।

अत: विकल्प (D) सही है।

25. द्विवेदी जी की शेली 'अनौपचारिक' है।

गद्यांश के अनुसार: उनकी शैली अनौपचारिक होती है। उसमें पांडित्य और लोक जीवन का सहज प्रवाह दोनों हैं।

द्विवेदी जी उच्चकोटि के निबन्धकार, उपन्यासकार, आलोचक, चिन्तक तथा शोधकर्ता थे।

साहित्य के इन सभी क्षेत्रों में द्विवेदी जी अपनी प्रतिभा और विशिष्ट कर्तव्य के कारण विशेष यश के भागीदार हुए।

अत: विकल्प (C) सही है।

26. श्रम विभाजन की दृष्टि से भी जाति-प्रथा 'गंभीर दोषों से' युक्त है।

गद्यांश के अनुसार: श्रम विभाजन की दृष्टि से भी जाति-प्रथा गंभीर दोषों से युक्त है। जाति प्रथा का श्रम विभाजन मनुष्य की इच्छा पर निर्भर नहीं रहता। मनुष्य की व्यक्तिगत भावना तथा व्यक्तिगत रुचि का इसमें कोई स्थान अथवा महत्त्व नहीं रहता।

अत: विकल्प (C) सही है।

27. जाति-प्रथा का श्रम विभाजन 'मनुष्य की स्वेच्छा पर' निर्भर नहीं रहता।

गद्यांश के अनुसार: श्रम विभाजन की दृष्टि से भी जाति-प्रथा गंभीर दोषों से युक्त है। जाति प्रथा का श्रम विभाजन मनुष्य की इच्छा पर निर्भर नहीं रहता।

अत: विकल्प (B) सही है।

28. श्रम विभाजन पर मनुष्य की 'व्यक्तिगत भावना' भावना का कोई महत्त्व नहीं रहता।

गद्यांश के अनुसार: श्रम विभाजन पर मनुष्य की व्यक्तिगत भावना तथा व्यक्तिगत रुचि का इसमें कोई स्थान अथवा महत्त्व नहीं रहता। 'पूर्व लेख' ही इसका आधार है।

व्यक्तिगत- एक व्यक्ति तक सीमित, निजीपन, अपनत्व, आत्मीयता।

- विलोम शब्द- 'सार्वभौम'

भावना- कल्पना भाव, विचार, ख्याल।

अत: विकल्प (C) सही है।

29. किसी भी काम में कुशलता प्राप्त नहीं होती है - 'जब तक व्यक्ति का दिल और दिमाग काम नहीं करता'

गद्यांश के अनुसार: मनुष्य को दुर्भावना से ग्रस्त रहकर टालू काम करने और कम काम करने के लिए प्रेरित करती है।

ऐसी स्थिति में जहाँ काम करने वालों का न दिल लगता हो न दिमाग, कोई कुशलता प्राप्त नहीं की जा सकती है।

व्यक्ति- मनुष्य, जन, मानव, नर, पुरुष, मर्त्य, मनुज, मानुष, इंसान, मर्द

दिमाग- मस्तिक, जेहन, मगज, भेजा, मानसिक शक्ति, बुद्धि, प्रज्ञा, मेधा

अत: विकल्प (A) सही है।

30. गद्यांश के अनुसार: जाति-प्रथा हानिकारक प्रथा है, क्योंकि यह मनुष्य की स्वाभाविक प्रेरणारुचि व आत्म-शक्ति को दबाकर उन्हें अस्वाभाविक नियमों में जकड़ कर निष्क्रिय बना देती है।

स्वभाव + इक = स्वाभाविक

- 'स्वभाव' मूल शब्द और 'इक' प्रत्यय
- अर्थ: नैसर्गिक, सहज, कुदरती, प्रकृति।
- विलोम शब्द- 'अस्वाभाविक'

प्रेरणा- उत्तेजना, प्रोत्साहन, बढ़ावा।

- रुचि- चाह, इच्छा, अभिलाषा, कामना, पसंद, दिलचस्पी।
- विलोम शब्द- 'अरुचि'

अत: विकल्प (C) सही है।

Q.1 तत्सम शब्द का चयन कीजिए:
A. आम   B. आलस्य   C. कबूतर   D. आधा

Q.2 तद्भव शब्द का चयन कीजिए?
A. बिजली   B. यमुना   C. रात्रि   D. शिक्षा

Q.3 तत्सम शब्द का चयन कीजिए:
A. बारात   B. वर्षा   C. हाथी   D. आँसू

Q.4 तद्भव शब्द का चयन कीजिए?
A. कपूर   B. आशा   C. अग्रि   D. अमृत

Q.5 दिए गए विकल्पों में तद्भव शब्द ज्ञात कीजिए-
A. नृत्य   B. स्नायु   C. नक्षत्र   D. नैन

Q.6 दिए गए विकल्पों में 'प्रभुत्व' कौन-सा शब्द है?
A. तत्सम   B. तद्भव   C. देशज   D. विदेशज

Q.7 दिए गए विकल्पों में से 'कर्पूर' किस श्रेणी का शब्द है?
A. देशज   B. विदेशी   C. तत्सम   D. तद्भव

Q.8 दिए गए विकल्पों में तत्सम शब्द की पहचान कीजिए।
A. वामन   B. बत्ती   C. फूल   D. पुरान

Q.9 निम्नलिखित में से तद्भव शब्द कौन सा है?
A. भक्त   B. मातृ   C. महापात्र   D. भाप

Q.10 दिए गए विकल्पों में तद्भव शब्द को पहचानिए।
A. बोतल   B. कलाई   C. झीना   D. दंड

Q.11 निम्नलिखित में से कौन-सा शब्द तत्सम है?
A. कमरा   B. कृपा   C. घड़ा   D. तोप

Q.12 निम्नलिखित में कौन सा शब्द तद्भव है?
A. छिद्र   B. जिव्हा   C. छांह   D. तड़ाग

Q.13 निम्नलिखित में कौन सा शब्द तत्सम है।
A. मोल   B. मूस   C. भ्रमर   D. मीत

Q.14 कौन सा शब्द तद्भव है-
A. रुक्ष   B. वृक्ष   C. पल्लव   D. खजूर

Q.15 'सियार' का तत्सम है-
A. शियार   B. श्रृंगाल   C. सिंगार   D. श्रृंग

Q.16 तत्सम शब्द है –
A. घी   B. गाँव   C. मुद्रा   D. अटारी

Q.17 'गधा' का तद्भव शब्द है-
A. गदहा   B. गदा   C. गर्धभ   D. गर्दभ

Q.18 'कपड़ा' का तत्सम है-
A. कंदूर   B. कर्पास   C. कर्पट   D. पर्टक

Q.19 संस्कृत के ऐसे शब्द जिसे हम ज्यों का त्यों प्रयोग में लाते है कहलाते है:
A. तत्सम   B. तद्भव   C. देशज   D. विदेशज

Q.20 निम्नलिखित में से तत्सम शब्द बताइए?
A. कंचन   B. अहीर   C. दूध   D. मौक्तिक

Q.21 निम्नलिखित में से तत्सम शब्द बताइए?
A. गाभिन   B. सियार   C. ससुर   D. बधिर

Q.22 नीचे दिए गये विकल्पों में से तद्भव शब्द का चयन कीजिये।
A. बैंक   B. मुँह   C. मर्म   D. प्रलाप

Q.23 'अम्लिका' का तद्भव है:
A. अमला   B. अमली   C. इमली   D. इमिली

Q.24 तद्भव शब्द है:
A. महिष   B. भिक्षुक   C. बहू   D. पटल

Q.25 तत्सम शब्द का चयन कीजिए-
A. आँगन   B. गहरा   C. निष्ठा   D. चैन

Q.26 तद्भव शब्द का चयन कीजिए-
A. स्वामी   B. जलाशय   C. पुत्र   D. लकड़ी

Q.27 तत्सम शब्द का चयन कीजिए-
A. आम   B. ओज   C. कपूर   D. हंसी

Q.28 तद्भव शब्द का चयन कीजिए-
A. सुर   B. निडर   C. गति   D. कमल

Q.29 तद्भव शब्द का चयन कीजिए-
A. परीक्षा   B. भभूत   C. संग्राम   D. शिथिल

Q.30 तत्सम शब्द का चयन कीजिए-
A. नौकर   B. निर्जीव   C. नेह   D. निकास

// स्मार्ट उत्तर पुस्तिका //

सही उत्तर — उन छात्रों का प्रतिशत जिन्होंने प्रश्नों का सही उत्तर दिया था।   छोड़ दिया — उन छात्रों का प्रतिशत जिन्होंने प्रश्नों को छोड़ दिया था।

प्रश्न संख्या	उत्तर	सही उत्तर / छोड़ दिया	प्रश्न संख्या	उत्तर	सही उत्तर / छोड़ दिया	प्रश्न संख्या	उत्तर	सही उत्तर / छोड़ दिया	प्रश्न संख्या	उत्तर	सही उत्तर / छोड़ दिया	प्रश्न संख्या	उत्तर	सही उत्तर / छोड़ दिया	प्रश्न संख्या	उत्तर	सही उत्तर / छोड़ दिया
1	B	69.66 % / 30.2 %	6	A	53.92 % / 34.04 %	11	B	43.1 % / 43.52 %	16	C	59.33 % / 38.14 %	21	D	62.99 % / 31.77 %	26	D	68.73 % / 30.96 %
2	A	50.82 % / 35.52 %	7	C	40.35 % / 38.15 %	12	C	48.11 % / 33.39 %	17	D	41.14 % / 47.26 %	22	B	50.57 % / 43.49 %	27	B	69.51 % / 30.15 %
3	B	42.96 % / 55.9 %	8	A	66.17 % / 33.0 %	13	C	50.58 % / 45.25 %	18	C	58.32 % / 38.05 %	23	C	61.3 % / 38.61 %	28	B	43.65 % / 49.91 %
4	A	40.83 % / 37.47 %	9	D	67.21 % / 31.4 %	14	D	56.71 % / 42.5 %	19	A	68.27 % / 30.22 %	24	C	67.28 % / 31.29 %	29	B	64.45 % / 33.38 %
5	D	52.76 % / 30.18 %	10	C	46.3 % / 50.52 %	15	B	43.41 % / 42.82 %	20	D	49.43 % / 40.37 %	25	C	69.05 % / 30.9 %	30	B	69.44 % / 30.3 %

//संकेत और समाधान//

1. 'आलस्य' एक तत्सम शब्द है, आलस्य का तद्भव रूप आलस है।

तत्सम दो शब्दों से मिलकर बना है – तत + सम, जिसका अर्थ होता है – उसके (संस्कृत के) समान। जिन संस्कृत के मूल शब्दों को बिना किसी परिवर्तन के हिन्दी में ज्यों का त्यों प्रयोग किया जाता है, उन्हें तत्सम शब्द कहते हैं। जैसे – सूर्य, वर्षा, नयन, धरित्रि आदि।संस्कृत के मूल शब्दों में समय के साथ कुछ परिवर्तन आ गया है, ऐसे शब्दों को तद्भव शब्द कहते हैं, जैसे – सूरज, बारिश, नैन, धरती आदि।

अतः विकल्प (B) सही है।

2. 'बिजली' एक तद्भव शब्द है। विद्युत का तद्भव रूप बिजली है। तत्सम दो शब्दों से मिलकर बना है – तत + सम, जिसका अर्थ होता है – उसके (संस्कृत के) समान। जिन संस्कृत के मूल शब्दों को बिना किसी परिवर्तन के हिन्दी में ज्यों का त्यों प्रयोग किया जाता है, उन्हें तत्सम शब्द कहते हैं। जैसे – सूर्य, वर्षा, नयन, धरित्रि आदि।

अतः विकल्प (A) सही है।

3. वर्षा का तद्भव रूप बरसात है। तत्सम दो शब्दों से मिलकर बना है – तत + सम, जिसका अर्थ होता है – उसके (संस्कृत के) समान। जिन संस्कृत के मूल शब्दों को बिना किसी परिवर्तन के हिन्दी में ज्यों का त्यों प्रयोग किया जाता है, उन्हें तत्सम शब्द कहते हैं। जैसे – सूर्य, वर्षा, नयन, धरित्रि आदि।

अतः विकल्प (B) सही है।

4. कर्पूर का तद्भव रूप कपूर है। तत्सम दो शब्दों से मिलकर बना है – तत + सम, जिसका अर्थ होता है – उसके (संस्कृत के) समान। जिन संस्कृत के मूल शब्दों को बिना किसी परिवर्तन के हिन्दी में ज्यों का त्यों प्रयोग किया जाता है, उन्हें तत्सम शब्द कहते हैं।

अतः विकल्प (A) सही है।

5. दिए गए विकल्पों में 'नैन' शब्द तद्भव है जिसका तत्सम रूप 'नयन' है।

तत्सम दो शब्दों से मिलकर बना है – तत +सम, जिसका अर्थ होता है ज्यों का त्यों।

जिन शब्दों को संस्कृत से बिना किसी परिवर्तन के ले लिया जाता है उन्हें तत्सम शब्द कहते हैं।

इनमें ध्वनि परिवर्तन नहीं होता है।

समय और परिस्थिति की वजह से तत्सम शब्दों में जो परिवर्तन हुए हैं उन्हें तद्भव शब्द कहते हैं।

अतः विकल्प (D) सही है।

6. 'प्रभुत्व' शब्द तत्सम है जिसका तद्भव रूप 'पहुँच' होता है।

तत्सम दो शब्दों से मिलकर बना है – तत +सम, जिसका अर्थ होता है ज्यों का त्यों।

जिन शब्दों को संस्कृत से बिना किसी परिवर्तन के ले लिया जाता है उन्हें तत्सम शब्द कहते हैं।

इनमें ध्वनि परिवर्तन नहीं होता है।

समय और परिस्थिति की वजह से तत्सम शब्दों में जो परिवर्तन हुए हैं उन्हें तद्भव शब्द कहते हैं।

अतः विकल्प (A) सही है।

7. 'कर्पूर' शब्द तत्सम है जिसका तद्भव रूप 'कपूर' होगा।

कपूर सफ़ेद रंग का ज्वलनशील एक सुगंधित पदार्थ होता है जो वायु में वाष्प बनकर उड़ जाता है।

तत्सम दो शब्दों से मिलकर बना है – तत +सम, जिसका अर्थ होता है ज्यों का त्यों।

जिन शब्दों को संस्कृत से बिना किसी परिवर्तन के ले लिया जाता है उन्हें तत्सम शब्द कहते हैं।

इनमें ध्वनि परिवर्तन नहीं होता है।

समय और परिस्थिति की वजह से तत्सम शब्दों में जो परिवर्तन हुए हैं उन्हें तद्भव शब्द कहते हैं।

अतः विकल्प (C) सही है।

8. उपर्युक्त विकल्पों में 'वामन' शब्द तत्सम है जिसका तद्भव रूप 'बौना' होगा।

तत्सम दो शब्दों से मिलकर बना है – तत +सम, जिसका अर्थ होता है ज्यों का त्यों।

जिन शब्दों को संस्कृत से बिना किसी परिवर्तन के ले लिया जाता है उन्हें तत्सम शब्द कहते हैं।

इनमें ध्वनि परिवर्तन नहीं होता है।

समय और परिस्थिति की वजह से तत्सम शब्दों में जो परिवर्तन हुए हैं उन्हें तद्भव शब्द कहते हैं।

अतः विकल्प (A) सही है।

9. दिए गए विकल्पों में 'भाप' शब्द तद्भव है जिसका तत्सम शब्द 'वाष्प' होगा।

तत्सम दो शब्दों से मिलकर बना है – तत +सम, जिसका अर्थ होता है ज्यों का त्यों।

जिन शब्दों को संस्कृत से बिना किसी परिवर्तन के ले लिया जाता है उन्हें तत्सम शब्द कहते हैं।

इनमें ध्वनि परिवर्तन नहीं होता है।

समय और परिस्थिति की वजह से तत्सम शब्दों में जो परिवर्तन हुए हैं उन्हें तद्भव शब्द कहते हैं।

अतः विकल्प (D) सही है।

10. 'झीना' शब्द तद्भव है जिसका तत्सम 'क्षीण' होता है।

तत्सम दो शब्दों से मिलकर बना है – तत +सम, जिसका अर्थ होता है ज्यों का त्यों।

जिन शब्दों को संस्कृत से बिना किसी परिवर्तन के ले लिया जाता है उन्हें तत्सम शब्द कहते हैं।

इनमें ध्वनि परिवर्तन नहीं होता है।

समय और परिस्थिति की वजह से तत्सम शब्दों में जो परिवर्तन हुए हैं उन्हें तद्भव शब्द कहते हैं।

अतः विकल्प (C) सही है।

11. 'कृपा' शब्द तत्सम है जिसक तद्भव रूप 'किरपा' होगा।

तत्सम दो शब्दों से मिलकर बना है – तत +सम, जिसका अर्थ होता है ज्यों का त्यों।

जिन शब्दों को संस्कृत से बिना किसी परिवर्तन के ले लिया जाता है उन्हें तत्सम शब्द कहते हैं।

इनमें ध्वनि परिवर्तन नहीं होता है।

समय और परिस्थिति की वजह से तत्सम शब्दों में जो परिवर्तन हुए हैं उन्हें तद्भव शब्द कहते हैं।

अतः विकल्प (B) सही है।

12. दिये गए विकल्पों में से 'छांह' तद्भव शब्द है।

जिन शब्दों को संस्कृत से बिना किसी परिवर्तन के ले लिया जाता है उन्हें तत्सम शब्द कहते हैं।

इनमें ध्वनि परिवर्तन नहीं होता है।

समय और परिस्थिति की वजह से तत्सम शब्दों में जो परिवर्तन हुए हैं उन्हें तद्भव शब्द कहते हैं।

अतः विकल्प (C) सही है।

तत्सम शब्द: छाया

तद्भव शब्द: छांह

अन्य विकल्प:

तत्सम शब्द	तद्भव शब्द
छिद्र	छेद
जिह्वा	जुबान
तड़ाग	तालाब

अत: विकल्प (C) सही है।

13. दिए गए विकल्पों में 'भ्रमर' तत्सम है।

तत्सम दो शब्दों से मिलकर बना है – तत +सम, जिसका अर्थ होता है ज्यों का त्यों।

जिन शब्दों को संस्कृत से बिना किसी परिवर्तन के ले लिया जाता है उन्हें तत्सम शब्द कहते हैं।

इनमें ध्वनि परिवर्तन नहीं होता है।

समय और परिस्थिति की वजह से तत्सम शब्दों में जो परिवर्तन हुए हैं उन्हें तद्भव शब्द कहते हैं।

अत: विकल्प (C) सही है।

14. दिए गए विकल्पों में 'खजूर' शब्द तद्भव है जिसका तत्सम रूप 'खर्जूर' है।

संस्कृत के कुछ शब्द ऐसे होते हैं जो हिंदी में भी बिना परिवर्तन के प्रयुक्त होते हैं, उन शब्दों को तत्सम शब्द कहते हैं। तद्भव शब्द वे शब्द हैं जिनमें थोडा सा परिवर्तन करके हिंदी में प्रयुक्त किया जाता हैं।

अत: विकल्प (D) सही है।

15. 'सियार' का तत्सम शब्द श्रृंगाल है।

तत्सम (तत् + सम = उसके समान) आधुनिक भारतीय भाषाओं में प्रयुक्त ऐसे शब्द जिनको संस्कृत से बिना कोई रूप बदले ले लिया गया है। हिन्दी, बांग्ला, कोंकणी, मराठी, गुजराती, पंजाबी, तेलुगू कन्नड़, मलयालम, सिंहल आदि में बहुत से शब्द संस्कृत से सीधे ले लिए गये हैं क्योंकि इनमें से कई भाषाएँ संस्कृत से जन्मी हैं।

अत: विकल्प (B) सही है।

16. मुद्रा तत्सम शब्द है।

तत्सम शब्द- संस्कृत भाषा के ऐसे शब्द, जो हिन्दी में भी अपने मूल रूप में प्रचलित हैं, तत्सम कहलाते हैं, ऐसे कुछ शब्द हैं-केन्द्र, यवन, असुर, पुष्प, नीर, गण, मर्कट, रात्रि, गंगा, कदली, ताम्बूल, दीनार, सिन्दूर, मुद्रा, तीर आदि।

अत: विकल्प (C) सही है।

17. 'गधा' तद्भव शब्द है जिसका तत्सम 'गर्दभ' है।

तद्भव शब्द- संस्कृत के जो शब्द प्राकृत, अपभ्रंश, पुरानी हिन्दी आदि सोपानों से गुजरने के कारण आज हिन्दी में परिवर्तित रूप में मिल रहे हैं, वे तद्भव कहलाते हैं।

अत: विकल्प (D) सही है।

18. 'कपड़ा' तद्भव शब्द है जिसका तत्सम 'कर्पट' है।

तद्भव शब्द- संस्कृत के जो शब्द प्राकृत, अपभ्रंश, पुरानी हिन्दी आदि सोपानों से गुजरने के कारण आज हिन्दी में परिवर्तित रूप में मिल रहे हैं, वे तद्भव कहलाते हैं।

अत: विकल्प (C) सही है।

19. तत्सम शब्द: तत्सम दो शब्दों से मिलकर बना है – तत +सम, जिसका अर्थ होता है ज्यों का त्यों। जिन शब्दों को संस्कृत से बिना किसी परिवर्तन के ले

लिया जाता है उन्हें तत्सम शब्द कहते हैं। इनमें ध्वनि परिवर्तन नहीं होता है। जैसे: हिंदी, बांग्ला, मराठी, गुजराती, पंजाबी, तेलगु कन्नड़, मलयालम आदि।

अतः विकल्प (A) सही है।

20. 'मौक्तिक' तत्सम शब्द है जिसका तद्भव 'मोती' है।

तत्सम शब्द- संस्कृत भाषा के ऐसे शब्द, जो हिन्दी में भी अपने मूल रूप में प्रचलित हैं, तत्सम कहलाते हैं; जैसे–पुष्प, पुस्तक, बालक, कन्या, विद्या, साधु, आत्मा, तपस्वी, विद्वान, राजा, पृथ्वी, नेता, माता, अहंकार, नवीन, सुन्दर, सहसा, नित्य, अकस्मात् आदि।

अतः विकल्प (D) सही है।

21. 'बधिर' तत्सम शब्द है जिसका तद्भव 'बहरा' है।

तत्सम दो शब्दों से मिलकर बना है – तत +सम, जिसका अर्थ होता है ज्यों का त्यों। जिन शब्दों को संस्कृत से बिना किसी परिवर्तन के ले लिया जाता है उन्हें तत्सम शब्द कहते हैं। इनमें ध्वनि परिवर्तन नहीं होता है। जैसे: हिंदी, बांग्ला, मराठी, गुजराती, पंजाबी, तेलगु कन्नड़, मलयालम आदि।

अतः विकल्प (D) सही है।

22. 'मुँह' शब्द तद्भव है जिसका तत्सम शब्द 'मुख' होता है।

तत्सम शब्दों में समय और परिस्थितियों के कारण कुछ परिवर्तन होने से जो शब्द बने हैं उन्हें तद्भव कहते हैं। तद्भव का शाब्दिक अर्थ है – उससे बने (तत् + भव = उससे उत्पन्न), अर्थात जो उससे (संस्कृत से) उत्पन्न हुए हैं।

अतः विकल्प (B) सही है।

23. 'अम्लिका' शब्द का शुद्ध तद्भव रूप 'इमली' है।

इमली स्त्रीलिंग शब्द है। यह एक खट्टा फल जिसकी चटनी बनाई जाती है। इमली को 'चिंचा या तेतर' भी कहा जाता है।

अतः विकल्प (C) सही है।

24. दिए गए विकल्पों में 'बहू' शब्द तद्भव है जिसका तत्सम शब्द 'वधू' होता है।

बहू के पर्यायवाची शब्द हैं - कलत्र, प्राणप्रिया, गृहलक्ष्मी, संगिनी, सहचरी, बेगम, पत्नी, भार्या, अधिगिनी, वनिता, दारा, जोरू, वामांगिनी।

अतः विकल्प (C) सही है।

25. निष्ठा तत्सम शब्द है।

तत्सम दो शब्दों से मिलकर बना है – तत +सम, जिसका अर्थ होता है ज्यों का त्यों। जिन शब्दों को संस्कृत से बिना किसी परिवर्तन के ले लिया जाता है उन्हें तत्सम शब्द कहते हैं। इनमें ध्वनि परिवर्तन नहीं होता है। जैसे- हिंदी, बांग्ला, मराठी, गुजराती, पंजाबी, तेलगु कन्नड़, मलयालम आदि।

अतः विकल्प (C) सही है।

26. लकड़ी तद्भव शब्द है इसका तत्सम लगुड़ है।

संस्कृत के कुछ शब्द ऐसे होते हैं जो हिंदी में भी बिना परिवर्तन के प्रयुक्त होते हैं। उन शब्दों को तत्सम शब्द कहते हैं। तद्भव शब्द वे शब्द हैं जिनमें थोडा सा परिवर्तन करके हिंदी में प्रयुक्त किया जाता हैं।

अतः विकल्प (D) सही है।

27. ओज तत्सम शब्द है।

तत्सम दो शब्दों से मिलकर बना है – तत +सम, जिसका अर्थ होता है ज्यों का त्यों। जिन शब्दों को संस्कृत से बिना किसी परिवर्तन के ले लिया जाता है उन्हें तत्सम शब्द कहते हैं। इनमें ध्वनि परिवर्तन नहीं होता है। जैसे- हिंदी, बांग्ला, मराठी, गुजराती, पंजाबी, तेलगु कन्नड़, मलयालम आदि।

अतः विकल्प (B) सही है।

28. निडर तद्भव शब्द है इसका तत्सम निर्दर है।

संस्कृत के कुछ शब्द ऐसे होते हैं जो हिंदी में भी बिना परिवर्तन के प्रयुक्त होते हैं . उन शब्दों को तत्सम शब्द कहते हैं . तद्भव शब्द वे शब्द हैं जिनमे थोडा सा परिवर्तन करके हिंदी में प्रयुक्त किया जाता हैं।

अतः विकल्प (B) सही है।

29. भभूत तद्भव शब्द है इसका तत्सम विभूति है।

तद्भव शब्द- संस्कृत शब्दों से विकृत होकर बने शब्द अर्थात संस्कृत के जो शब्द प्राकृत अपभ्रंश, पुरानी हिंदी आदि से गुजरने के कारण आज परिवर्तित रूप में मिलते हैं, तद्भव शब्द कहलाते हैं।

अतः विकल्प (B) सही है।

30. निर्जीव तत्सम शब्द है।

तत्सम दो शब्दों से मिलकर बना है – तत + सम, जिसका अर्थ होता है ज्यों का त्यों। जिन शब्दों को संस्कृत से बिना किसी परिवर्तन के ले लिया जाता है उन्हें तत्सम शब्द कहते हैं। इनमें ध्वनि परिवर्तन नहीं होता है। जैसे- हिंदी, बांग्ला, मराठी, गुजराती, पंजाबी, तेलगु, कन्नड़, मलयालम आदि।

अतः विकल्प (B) सही है।

Q.1 किस विकल्प में मुहावरे का भावार्थ सही नहीं है?

A. अंडे का शाहजादा - अनुभवहीन

B. अड़ियल टट्टू - रूक-रूक कर काम करना

C. अन्धों में काना राजा - अज्ञानियों में अल्पज्ञान वाले का सम्मान होना

D. अलादीन का चिराग - कल्पनाएँ करना

Q.2 किस विकल्प में मुहावरे का भावार्थ सही है?

A. ऊँट के गले में बिल्ली बाँधना - व्यर्थ कार्य करना

B. ऊँट के मुँह में जीरा - अपमान करना

C. ऊँच-नीच समझाना - सबके साथ एक जैसा व्यवहार करना

D. ऊसर में बीज बोना - व्यर्थ कार्य करना

Q.3 'अठखेलियाँ सूझना' मुहावरे का अर्थ है:

A. व्यंग्य करना

B. युक्ति सफल होना

C. मजाक उड़ाना

D. ईर्ष्या करना

Q.4 'पाँवों में मेंहदी लगना' मुहावरे का उचित अर्थ है:

A. कहीं जाने में अशक्त होना

B. अपने पैरों पर खड़ा होना

C. तारे गिनना

D. पाँव तले जमीन निकल जाना

Q.5 किस विकल्प में मुहावरे का भावार्थ सही है?

A. अलाउद्दीन का चिराग - अज्ञानियों में अल्पज्ञान वाले का सम्मान होना

B. अपनी राम कहानी सुनाना - किसी की न सुनना

C. अक्ल का अजीर्ण होना - आवश्यकता से अधिक अक्ल होना

D. अन्तर के पट खोलना - चकित होना

Q.6 'घोड़े की दम बढ़ेगी तो अपनी ही मक्खियाँ उड़ाएगा' लोकोक्ति का भावार्थ:

A. हानि के समय सुअवसर-कुअवसर पर ध्यान न देना

B. अपनी बुराई नहीं दीखती

C. उन्नति करके आदमी अपना ही भला करता है

D. किसी की प्रकृति में पूर्ण परिवर्तन न होना

Q.7 चमड़ी जाए पर _____ न जाये।

A. इज़्ज़त

B. पैसा

C. पगड़ी

D. दमड़ी

Q.8 अपनी टांग उघारिये आपहि मरिए लाज लोकोक्ति का भावार्थ:

A. स्वार्थी और मजबूर व्यक्ति अनचाहा कार्य भी करता है।

B. हममें ही कमजोरी हो तो बताने वालों का क्या दोष

C. अपना दोष न देखकर दूसरों का दोष देखना

D. अपने घर की बात दूसरों से कहने पर बदनामी होती है।

Q.9 निर्देश: उपयुक्त मुहावरों से वाक्य की पूर्ति कीजिए।

अपनी-अपनी डफली, अपना-अपना राग

A. अपनी-अपनी डफली लेकर अपना अपना गीत गाना

B. अपने ढंग से अपना काम करना

C. ढपली और राग में समानता न होना

D. विचारो में भिन्नता होना

Q.10 निर्देश: उपयुक्त मुहावरों से वाक्य की पूर्ति कीजिए।

पढ़े फ़ारसी बेचे तेल, यह देखो कुदरत का खेल

A. फ़ारसी पढ़े लोगो को प्राय: तेल बेचना पड़ता है

B. शिक्षित होकर बेकार रहना

C. योगिता होते हुए भी विवशता के कर्ण निम्न स्तर का कार्य करना

D. विघा का अपमान करना

Q.11 निर्देश: निम्नलिखित वाक्य में प्रयोग किये गए मुहावरे का अर्थ बताईये।

उसकी **गज भर की छाती है** तभी तो अकेले ने ही चार-चार आतंकवादियों को मार दिया।

A. अत्यधिक साहसी होना

B. कठिन काम करना

C. मूर्ख बनाना

D. कमाल करना

Q.12 निर्देश: निम्नलिखित वाक्य में प्रयोग किये गए मुहावरे का अर्थ बताईये।

उसे रुपया उधार देकर मेरी तो **गर्दन फँस गई** है।

A. मूर्ख बनाना

B. झंझट या परेशानी में फँसना

C. किसी को ठगना

D. किसी को जिम्मेदार ठहराना

Q.13 "मिट्टी का माधो" होने से क्या अर्थ है?

[UPTET Science and Maths, 2019], [UPTET Social Studies, 2019]

A. बहुत ही मुर्ख

B. कृष्ण की मूर्ति

C. मिट्टी की मूर्ति

D. समझदार होना

Q.14 'नाक कटना' मुहावरे का अर्थ है-

A. खून बहना

B. बदनामी होना

C. नुकसान होना

D. इज्जत करना

Q.15 "हाथ कंगन को आरसी क्या" मुहावरें का अर्थ है?

A. खटाई में पड़ना

B. खेल खेलाना

C. खटाई में डालना

D. प्रत्यक्ष को साक्ष्य की जरूरत नही पडती

Q.16 "परिश्रम कोई व्यक्ति करे और लाभ किसी दूसरे को हो जाए।"इस वाक्य से किस मुहावरें का सम्बन्ध हैं।

A. अंडे सेवे कोई, बच्चे लेवे कोई

B. अढ़ाई दिन की बादशाहत

C. अब पछताए होत क्या जब चिडिया चुग गई खेत

D. अन्न जल उठ जाना

Q.17 'कपास ओटना' का अर्थ है-

A. शीघ्र नष्ट होने वाली वस्तु

B. व्यर्थ का कार्य करना

C. पूर्णतः स्वस्थ होना

D. बहुत साधन संपन्न होना

Q.18 'मुहावरा' का शाब्दिक अर्थ है-

A. प्रयास

B. कोशिश

C. अभ्यास

D. मुंहबोला

Q.19 'अवसर निकल जाने पर पछताने से क्या लाभ' हेतु उपयुक्त लोकोक्ति है:

A. खोदा पहाड़ निकली चुहिया

B. घर-घर चूल्हे मिट्टी के

C. अधजल गगरी छलकत जाये

D. अब पछताए होत क्या जब चिड़िया चुग गई खेत

Q.20 दुःखी सुदामा को द्वारका में आया देख श्री कृष्ण ने उन्हें ______।
रिक्त स्थान के लिए उपयुक्त मुहावरे का चयन करो।
A. ईद का चाँद बनाया   B. तारे तोड़कर ला दिए
C. छाती से लगाकर रखा   D. सिर आँखों पर बिठाया

Q.21 मुहावरे और लोकोक्तियों का प्रयोग करना-
A. भाषिक अभिव्यक्ति को प्रभावी बनाता है
B. केवल गद्य पाठों के अभ्यास का हिस्सा है
C. व्याकरण का प्रमुख हिस्सा है
D. हिन्दी भाषा-शिक्षण का सबसे महत्त्वपूर्ण उद्देश्य है

Q.22 'इमली के पात पर बारात का डेरा' लोकोक्ति का उपयुक्त अर्थ है-
A. कमाल दिखाना   B. साधन थोड़े, बातें बड़ी
C. असम्भव बात   D. अत्यन्त कंजूस होना

Q.23 'दूध के दांत न टूटना' मुहावरे का क्या अर्थ है?
A. दूध में अरुचि होना   B. अनुभवी होना
C. अनुभव न होना   D. इनमें से कोई नहीं

Q.24 'मूर्ख के समक्ष ज्ञान की वार्ता करना व्यर्थ है' हेतु उपयुक्त लोकोक्ति है-
A. भैंस के आगे बीन बजावे भैंस बैठी पगुराई
B. दीवार के भी कान होते हैं
C. थोथा चना बजे घना
D. अकल बड़ी की भैंस

Q.25 'ऊंट निकल जाये दम से हिचके' लोकोक्ति का अर्थ है-
A. परिणाम का ठीक पता न होना
B. बड़े-बड़े कष्ट झेलकर छोटे कष्टों से घबराना
C. आवश्यकता से कम प्राप्त होना
D. असलियत की अपेक्षा दिखावा ज्यादा

Q.26 'बालू से तेल निकालना' मुहावरे का अर्थ है-
A. शीघ्र नष्ट होने वाली वस्तु
B. असंभव काम करना
C. पूर्णतः स्वस्थ होना
D. बहुत साधन संपन्न होना

Q.27 'यह मुँह और मसूर की दाल' लोकोक्ति का अर्थ है-
A. दुष्ट व्यक्ति अपनी दुष्टता नहीं छोड़ता
B. सीमित क्षेत्र तक पहुँच
C. योग्यता से अधिक की इच्छा
D. अच्छे बुरे को एक समान समझना

Q.28 "भई गति साँप छछूंदर केरी" लोकोक्ति का उपयुक्त अर्थ है।
A. एक-दूसरे से बचना
B. दृढ़ संकल्प होना
C. अपने को खतरे में डालना
D. दुविधा में होना

Q.29 "गूलर का कीड़ा" मुहावरे का क्या अर्थ है-
A. अकड़ में रहने वाला   B. खुशामद करना
C. मतलब का साथी   D. सीमित दायरे में भटकना

Q.30 "गूलर का कीड़ा" मुहावरे का क्या अर्थ है –
A. अकड़ में रहने वाला   B. खुशामद करना
C. मतलब का साथी   D. सीमित दायरे में भटकना

// स्मार्ट उत्तर पुस्तिका //

सही उत्तर	उन छात्रों का प्रतिशत जिन्होंने प्रश्नों का सही उत्तर दिया था।	छोड़ दिया	उन छात्रों का प्रतिशत जिन्होंने प्रश्नों को छोड़ दिया था।

प्रश्न संख्या	उत्तर	सही उत्तर / छोड़ दिया	प्रश्न संख्या	उत्तर	सही उत्तर / छोड़ दिया	प्रश्न संख्या	उत्तर	सही उत्तर / छोड़ दिया	प्रश्न संख्या	उत्तर	सही उत्तर / छोड़ दिया	प्रश्न संख्या	उत्तर	सही उत्तर / छोड़ दिया	प्रश्न संख्या	उत्तर	सही उत्तर / छोड़ दिया
1	B	45.5 % / 41.68 %	6	C	49.52 % / 31.59 %	11	A	63.86 % / 31.97 %	16	A	62.76 % / 36.22 %	21	A	55.76 % / 39.64 %	26	B	43.57 % / 47.45 %
2	D	57.43 % / 37.15 %	7	D	47.44 % / 33.56 %	12	B	65.03 % / 31.3 %	17	B	46.03 % / 36.62 %	22	C	62.72 % / 32.15 %	27	C	52.61 % / 41.38 %
3	C	60.52 % / 33.45 %	8	D	41.1 % / 46.31 %	13	A	46.89 % / 47.88 %	18	C	68.3 % / 30.07 %	23	C	67.93 % / 31.7 %	28	D	45.82 % / 33.27 %
4	A	59.67 % / 34.76 %	9	D	55.31 % / 39.59 %	14	B	56.94 % / 34.26 %	19	D	42.94 % / 30.88 %	24	A	62.79 % / 32.05 %	29	D	50.96 % / 31.24 %
5	C	64.31 % / 34.22 %	10	C	46.04 % / 35.18 %	15	D	49.96 % / 41.39 %	20	D	50.59 % / 41.06 %	25	B	41.88 % / 34.13 %	30	D	63.15 % / 34.31 %

//संकेत और समाधान//

1. मुहावरा: अड़ियल टट्टू

मुहावरे का हिंदी में अर्थ: जिद्दी

वाक्य प्रयोग: लाला हरदयाल का नौकर भोलु एकदम अड़ियल टट्टू है, चाहे जितना डांट लो, काम करेगा अपनी ही मर्जी से।

मुहावरा: मुहावरा का शाब्दिक अर्थ 'अभ्यास' है। मुहावरा शब्द अरबी भाषा का शब्द है। हिन्दी में ऐसे वाक्यांशों को मुहावरा कहा जाता है, जो अपने साधारण अर्थ को छोड़कर विशेष अर्थ को व्यक्त करते हैं।

अतः विकल्प (B) सही है।

2. मुहावरा: ऊसर में बीज बोना

मुहावरे का हिंदी में अर्थ: व्यर्थ कार्य करना

वाक्य प्रयोग: मैंने कौशिक से कहा कि अपने घर में दुकान खोलना तो ऊसर में बीज डालना हैं, कोई और स्थान देखो।

अतः विकल्प (D) सही है।

3. दिए गए विकल्पों में से 'अठखेलियाँ सूझना' मुहावरे का अर्थ है: मज़ाक उड़ाना।

उदाहरण: तुझे अठखेलियाँ सूझी है हम बेकार बैठे हैं।

अतः विकल्प (C) सही है।

4. 'पाँवों में मेंहदी लगना': कहीं जाने में अशक्त होना

वाक्य प्रयोग: सृष्टि झल्लाकर अपने भाई से बोली, सारा काम पिताजी ही करें तुम्हारे पाँव में तो मेहंदी लगी है जो तुम नहीं जाओगे।

अतः विकल्प (A) सही है।

5. मुहावरा: अक्ल का अजीर्ण होना

मुहावरे का हिंदी में अर्थ: आवश्यकता से अधिक अक्ल होना

वाक्य प्रयोग: सोहन किसी भी विषय में दूसरे को महत्व नहीं देता है, उसे अक्ल का अजीर्ण हो गया है।

अतः विकल्प (C) सही है।

6. लोकोक्ति: घोड़े की दम बढ़ेगी तो अपनी ही मक्खियाँ उड़ाएगा

लोकोक्ति का हिंदी में अर्थ: उन्नति करके आदमी अपना ही भला करता है

वाक्य प्रयोग: कल तक नेताजी पर साइकिल नहीं थी। विधायक होते ही उन पर ऐश-ओ-आराम की सभी वस्तुएँ आ गईं। कहावत भी है घोड़े की दम बढ़ेगी, तो अपनी ही मक्खियाँ उड़ाएगा।

अतः विकल्प (C) सही है।

7. प्रस्तुत पंक्ति बहुचर्चित पुरानी कहावत है। 'चमड़ी जाए पर दमड़ी न जाये।'

लोकोक्ति: 'लोकोक्ति' शब्द 'लोक + उक्ति' शब्दों से मिलकर बना है जिसका अर्थ है- लोक में प्रचलित उक्ति या कथन'। संस्कृत में 'लोकोक्ति' अलंकार का एक भेद भी है तथा सामान्य अर्थ में लोकोक्ति को 'कहावत' कहा जाता है।

अतः विकल्प (D) सही है।

8. लोकोक्ति: अपनी टांग उघारिये आपहि मरिए लाज

लोकोक्ति का हिंदी में अर्थ: अपने घर की बात दूसरों से कहने पर बदनामी होती है।

वाक्य प्रयोग: पहले तो तुमने अपने घर की बातें दूसरे से बता दीं, अब तुम्हारा मजाक उड़ाते हैं। कहावत भी है, अपनी टांग उघारिये आपहि मरिए लाज।

9. अपनी-अपनी डफली, अपना-अपना राग अर्थ विचारो में भिन्नता होना से हैं।

मुहावरे: मुहावरे अरबी भाषा का शब्द है जिसका शाब्दिक अर्थ अभ्यास करना होता है "जो शब्द अपने साधारण अर्थ को छोड़ कर विशेष अर्थ को व्यक्त करते है हिंदी मे ऐसे वाक्यांश को मुहावरा कहा जाता है।" मुहावरे किसी भाषा विशेष में प्रचलित उस अभिव्यक्तिक इकाई को कहते हैं जिसका प्रयोग प्रत्यक्षार्थ से अलग रूढ़ लक्ष्यार्थ के लिए किया जाता है।

अतः विकल्प (D) सही है।

10. लोकोक्ति का वाक्य प्रयोग – रमेश को एम.ए. करने के बाद भी कोई काम नहीं मिल रहा है। इसी को कहते हैं – 'पढ़े फारसी बेचे तेल, यह देखो कुदरत का खेल'।

मुहावरे: मुहावरे अरबी भाषा का शब्द है जिसका शाब्दिक अर्थ अभ्यास करना होता है "जो शब्द अपने साधारण अर्थ को छोड़ कर विशेष अर्थ को व्यक्त करते है हिंदी मे ऐसे वाक्यांश को मुहावरा कहा जाता है।" मुहावरे किसी भाषा विशेष में प्रचलित उस अभिव्यक्तिक इकाई को कहते हैं जिसका प्रयोग प्रत्यक्षार्थ से अलग रूढ़ लक्ष्यार्थ के लिए किया जाता है।

अतः विकल्प (C) सही है।

11. मुहावरा – गज भर की छाती होना

अर्थ – अत्यधिक साहसी होना

वाक्य प्रयोग – भारतीय सैनिकों की गज भर की छाती देख कर अन्य देश के सैनिकों की ताक़तें फीकी पड़ जाती है।

अतः विकल्प (A) सही है।

12. मुहावरा – गर्दन फँसना

अर्थ – झंझट या परेशानी में फँसना

वाक्य प्रयोग – उससे लैपटॉप लेकर मेरी तो गर्दन फँस गई है।

अतः विकल्प (B) सही है।

13. उपर्युक्त मुहावरा 'मिट्टी का माधो' का अर्थ 'बहुत ही मुर्ख' है।

वाक्य प्रयोग - सोहन को कुछ भी समझाना व्यर्थ है वह तो 'मिटटी का माधो' है।

अतः विकल्प (A) सही है।

14. 'नाक कटना' मुहावरे का अर्थ है- 'बदनामी होना।

वाक्य प्रयोग: बेटे के चोरी करते पकड़े जाने पर निखिल के पिता की नाक कट गई।

अतः विकल्प (B) सही है।

15. "प्रत्यक्ष को साक्ष्य की जरूरत नहीं पडती " विकल्प सटीक उत्तर है।

वाक्य प्रयोग: रामू के सामने ही लूटेरो ने गांव के लोगो को लूट लिया फिर भी गांव के लोग कहने लगे की हमें किसी ने नहीं लूटा यह सुन कर रामू ने कहा हाथ कंगन को आरसी क्या ।

अतः विकल्प (D) सही है।

16. "परिश्रम कोई व्यक्ति करे और लाभ किसी दूसरे को हो जाए।" यह "अंडे सेवे कोई, बच्चे लेवे कोई"मुहावरे का अर्थ है।

अढ़ाई दिन की बादशाहत का अर्थ है थोड़े दिन की शान – शौकत।

अब पछताए होत क्या जब चिडिया चुग गई खेत का अर्थ है समय बित जाने पर पछताना बेकार (व्यर्थ) है।

अन्न-जल उठना मुहावरे का अर्थ है मृत्यु के सन्निकट होना, जीवन समाप्त होने के कगार पर आना, एक स्थान को छोड़कर किसी दूसरे स्थान पर जाना ।

अतः विकल्प (A) सही है।

17. 'कपास ओटना' मुहावरे का अर्थ 'व्यर्थ का कार्य करना' होता है।

वाक्य प्रयोग: तुम्हें छात्रावास में इसलिए भेजा था ताकि तुम परीक्षा में प्रथम आ सको किन तुम तो यहाँ कपास ओट रहे हो।

अतः विकल्प (B) सही है।

18. 'मुहावरा' का शाब्दिक अर्थ 'अभ्यास' होता है, जबकि शेष तीनों इसके अर्थ नहीं है। 'मुहावरा' मूलत: अरबी भाषा का शब्द है जिसका अर्थ है 'बातचीत करना' या 'उत्तर देना'।

अतः विकल्प (C) सही है।

19. 'अवसर निकल जाने पर पछताने से क्या लाभ' हेतु उपयुक्त लोकोक्ति 'तब पछताये होत क्या जब चिड़ियाँ चुग गयी खेत' है।

वाक्य प्रयोग: साथियो के चक्कर मे पढ़ाई कुछ की नहीं और जब राम पेपर देने के लिए गया तो पछताने लगा, सच है अब पछताए होत क्या जब चिड़िया चुग गई खेत।

अतः विकल्प (D) सही है।

20. दु:खी सुदामा को द्वारका में आया देख श्री कृष्ण ने उन्हें सिर आँखों पर बिठाया।

सिर आँखों पर बैठाना मुहावरे का अर्थ है- बहुत आदर सत्कार करना

अतः विकल्प (D) सही है।

21. व्याकरण की शिक्षा प्रत्येक छात्र के लिए उनके भाषा कौशल को उन्नत बनाने के लियें आवश्यक है। अध्यापक को व्याकरण की शिक्षा को रूचिकर बनाने के लिए लोकोक्तियों व मुहावरों आदि का प्रयोग करना चाहिए। लोकोक्तियों व मुहावरे भाषिक अभिव्यक्ति को प्रभावी बनाते हैं।

अतः विकल्प (A) सही है।

22. 'इमली के पात पर बारात का डेरा' लोकोक्ति का उपयुक्त अर्थ है 'असम्भव बात'।

अतः विकल्प (C) सही है।

23. 'दूध के दांत न टूटना' मुहावरे का अर्थ 'अनुभव न होना' है।

प्रयोग: रमेश की बात मानना व्यर्थ है। उसके तो अभी दूध के दांत भी नहीं टूटे हैं।

अतः विकल्प (C) सही है।

24. 'भैंस के आगे बीन बजावे भैंस बैठी पगुराई' लोकोक्ति का अर्थ 'मूर्ख के समक्ष ज्ञान की वार्ता करना व्यर्थ है' होता है।

अतः विकल्प (A) सही है।

25. 'ऊंट निकल जाये दम से हिचके' लोकोक्ति का अर्थ है- 'बड़े-बड़े कष्ट झेलकर छोटे कष्टों से घबराना'।

अतः विकल्प (B) सही है।

26. 'बालू से तेल निकालना' मुहावरे का अर्थ है- 'असंभव काम करना'।

अतः विकल्प (B) सही है।

27. 'यह मुँह और मसूर की दाल' लोकोक्ति का अर्थ है- योग्यता से अधिक की इच्छा। यानि जब कोई व्यक्ति अपनी योग्यता से अधिक पाने की इच्छा/अभिलाषा/चाह करता है तब यह कहावत चरितार्थ होती है।

उदाहरण - सुधा एम.ए. द्वितीय श्रेणी में है और वाइस चान्सलर बनने के ख्वाब देखती है, ऐसे ही लोगों के लिए कहा गया है - यह मुँह और मसूर की दाल।

अतः विकल्प (C) सही है।

28. 'लोकोक्ति' शब्द 'लोक + उक्ति' शब्दों से मिलकर बना है जिसका अर्थ है- लोक में प्रचलित उक्ति या कथन'।

भई गति साँप छछूंदर केरी' लोकोक्ति का उपयुक्त अर्थ है - दुविधा में होना

अतः विकल्प (D) सही है।

29. मुहावरा - किसी विशेष अर्थ को प्रकट करने वाले वाक्यांश को मुहावरा कहते हैं। शाब्दिक रूप से मुहावरा शब्द का अर्थ अभ्यास होता है।

गूलर का कीड़ा मुहावरे का अर्थ - सीमित दायरे में भटकना

अतः विकल्प (D) सही है।

30. गूलर का कीड़ा मुहावरे का अर्थ - सीमित दायरे में भटकना

अतः विकल्प (D) सही है।

Q.1 सपूत मातृभूमि के, रुको न शूर साहसी।
अराति सैन्य सिन्धु में, सुबाड़वाग्नि से जलो।
प्रवीर हो जयी बनो, बढ़े चलो बढ़े चलो। इन पंक्तियों में प्रयुक्त छंद का नाम बताइये?

A. सोरठा छंद
B. दोहा छंद
C. उल्लाल छंद
D. दिग्पाल छंद

Q.2 उस काल मारे क्रोध के तन काँपने उसका लगा।
मानो हवा के जोर से सोता हुआ सागर जगा।
इन पंक्तियों में निम्न में से कौन सा रस है?

A. रौद्र रस
B. करुण रस
C. वात्सल्य रस
D. भयानक रस

Q.3 निम्न में से कौन-सा छंद वार्णिक है?

A. वसंततालिका
B. गीतिका
C. वीर
D. बरवै

Q.4 दिए गए विकल्पों में 'क्रोध' किसका स्थायी भाव है?

A. रौद्र रस
B. करुण रस
C. श्रृंगार रस
D. वात्सल्य रस

Q.5 'मेरी भव बाधा हरी राधा नागरि सोई। जा तन की झाई परे स्याम हरित दुति होई।।' इन पंक्तियों में कौन-सा रस है?

A. अद्भुत रस
B. श्रृंगार रस
C. वीभत्स रस
D. भक्ति रस

Q.6 वीभत्स रस का स्थायी भाव है?

A. क्रोध
B. निर्वेद
C. जुगुप्सा
D. रति

Q.7 उस काल कारे क्रोध के तन कांपने उसका लगा। मानो हवा के जोर से, सोता हुआ सागर जगा।। प्रस्तुत पंक्तियों में कौन सा रस है ?

A. वीर रस
B. रौद्र रस
C. अद्भुत रस
D. करुण रस

Q.8 'परमार्थ' का संधि-विच्छेद है-

A. परम + अर्थ
B. पर + अर्थ
C. पर + आर्थ
D. परमो + अर्थ

Q.9 'नमस्कार' का संधि विच्छेद निम्न में से कौन सा हैं?

A. नम:+अकार
B. नम:+कार
C. नमस्+कार
D. नमस+कार

Q.10 'देवेन्द्र' का संधि विच्छेद निम्न में से कौन सा हैं?

A. दवे + इंᱞद्र
B. देवा + इंद्र
C. देव + इंद्रा
D. देव + इंᱞद्र

Q.11 'अत्याचार' शब्द में कौन-सी संधि है?

A. दीर्घ
B. यण्
C. गुण
D. वृद्धि

Q.12 यदि ए, ऐ, ओ तथा औ के बाद भिन्न स्वर आता है तो इनके स्थान पर क्रमशः 'अय, आय, अव्' 'आव' हो जाता है। यह सन्धि कौन-सी है?

A. दीर्घ
B. गुण
C. वृद्धि
D. अयादि

Q.13 दिए गए विकल्प में कौन सा विकल्प नीचे लिखे शब्द का सही संधि-विच्छेद है?
शालाच्छादन

A. शाला+चादन
B. शालाच+दन
C. शाला+धादन
D. शाला+छादन

Q.14 'अमर्ष' क्या है?

A. काव्य का एक दोष
B. संचारी भाव का एक प्रकार
C. आधुनिक रसवादियों द्वारा खोजा गया एक रस
D. एक नवीनतम छंद

Q.15 यण संधि का सम्बन्ध किस संधि विशेष से है?

A. व्यंजन संधि
B. विसर्ग संधि
C. स्वर संधि
D. दीर्घ संधि

Q.16 कृष्णापत्र शब्द में संधि है:

A. दीर्घ संधि
B. वृद्धि संधि
C. गुण संधि
D. अयादि संधि

Q.17 भूप सहसदस एकहि वारा।
लगे उठावन टरहिं न टारा।।
इस पंक्ति में कौन-सा छन्द है?

A. दोहा
B. सोरठा
C. चौपाई
D. बरवै

Q.18 'दुश्चरित्र' के लिए सही सन्धि-विच्छेद कौन सा है?

A. दुश + चरित्र
B. दु + चरित्र
C. दु: + चरित्र
D. दुश: + चरित्र

Q.19 निम्नलिखित पंक्ति किस रस का उदाहरण है?
"हा प्राण प्यारे ! जीवित रहूँ किसके सहारे?"

A. श्रृंगार रस
B. करुण रस
C. वीभत्स रस
D. अद्भुत रस

Q.20 निम्नलिखित काव्यांश में कौन सा रस है?
मधुबन तुम क्यौं रहत हरे।
बिरह बियोग स्याम सुंदर के ठाढ़े क्यौं न जरे।।

A. संयोग श्रृंगार
B. वियोग श्रृंगार
C. वात्सल्य
D. वीभत्स

Q.21 निम्नलिखित पंक्ति किस रस का उदाहरण है?
सन्देश देवकी सों कहिए,
हौं तो धाम तिहारे सुत कि कृपा करत ही रहियो।

A. वात्सल्य रस
B. भक्ति रस
C. शांत रस
D. श्रृंगार रस

Q.22 "कहती हुए यों उत्तरा के नेत्र जल से भर गए। हिम के कणों से पूर्ण मानो हो गए पंकज नए।।
इन पंक्तियों में प्रयुक्त छंद का नाम बताइये?

A. हरिगीतिका
B. चौपाई
C. छप्पय
D. सोरठा

Q.23 निम्नलिखित में से कौन 'रस' निष्पत्ति से सम्बद्ध नहीं है-

A. विभाव
B. अभाव
C. अनुभाव
D. संचारी

Q.24 'दिग्गज' का सन्धि विच्छेद निम्न में से कौन सा है?

A. दिक् + गज
B. दीक् + गज
C. दिक् + कज
D. दिग + गज

Q.25 सम मांत्रिक छंद का कौन-सा उदाहरण है?

A. दोहा   **B.** सोरठा   **C.** चौपाई   **D.** सभी

Q.26 "कंकन किंकिन नूपुर धुनि सुनि। कहत लषन सन राम हृदय गुनि।।"
उक्त पंक्तियों में प्रयुक्त छंद का नाम बताइये:
A. रोला   **B.** दोहा   **C.** चौपाई   **D.** सोरठा

Q.27 गुरु पद राज मृदु मंजुल अंजन। नयन अमिउ दृगदोष विभंजन।।
उपर्युक्त पंक्तियां किसका उदाहरण है?
A. चौपाई   **B.** रोला   **C.** सोरठा   **D.** दोहा

Q.28 निम्नलिखित पंक्तियाँ किस छंद का उदाहरण है?
इहि विधि राम सबहिं समुझावा
गुरु पद पदुम हरषि सिर नावा।
A. कुण्डलिया   **B.** सोरठा   **C.** दोहा   **D.** चौपाई

Q.29 छंद को अन्य किस नाम से भी जाना जाता है?
A. अलंकार   **B.** पिंगल   **C.** समास   **D.** रस

Q.30 रोला के चार पद तथा उल्लाला के दो पदों के योग से निर्मित कौन सा छंद है?
A. चौपाई   **B.** सोरठा   **C.** कुण्डलिया   **D.** छप्पय

// स्मार्ट उत्तर पुस्तिका //

सही उत्तर — उन छात्रों का प्रतिशत जिन्होंने प्रश्नों का सही उत्तर दिया था। **छोड़ दिया** — उन छात्रों का प्रतिशत जिन्होंने प्रश्नों को छोड़ दिया था।

प्रश्न संख्या	उत्तर	सही उत्तर / छोड़ दिया	प्रश्न संख्या	उत्तर	सही उत्तर / छोड़ दिया	प्रश्न संख्या	उत्तर	सही उत्तर / छोड़ दिया	प्रश्न संख्या	उत्तर	सही उत्तर / छोड़ दिया	प्रश्न संख्या	उत्तर	सही उत्तर / छोड़ दिया	प्रश्न संख्या	उत्तर	सही उत्तर / छोड़ दिया
1	D	59.82 % / 38.31 %	6	C	64.62 % / 34.66 %	11	B	63.65 % / 36.32 %	16	A	69.78 % / 30.21 %	21	A	48.4 % / 36.41 %	26	C	44.67 % / 41.08 %
2	A	49.01 % / 48.83 %	7	B	57.94 % / 38.61 %	12	D	57.45 % / 38.83 %	17	C	56.16 % / 39.49 %	22	A	62.5 % / 30.77 %	27	A	48.05 % / 39.18 %
3	A	52.63 % / 37.76 %	8	A	60.93 % / 32.67 %	13	D	45.29 % / 34.81 %	18	C	52.37 % / 43.07 %	23	B	53.84 % / 45.45 %	28	D	57.53 % / 40.9 %
4	A	48.52 % / 35.86 %	9	B	43.12 % / 50.87 %	14	B	66.55 % / 30.77 %	19	B	52.23 % / 37.75 %	24	A	60.57 % / 35.77 %	29	B	53.56 % / 41.39 %
5	D	47.32 % / 40.78 %	10	D	57.21 % / 37.22 %	15	C	47.26 % / 42.25 %	20	B	61.12 % / 38.54 %	25	C	61.51 % / 31.4 %	30	D	65.2 % / 32.97 %

//संकेत और समाधान//

1. उपरोक्त पंक्ति में दिग्पाल छंद का प्रयोग हुआ है।

दिग्पाल छंद: यह छंद 24 मात्रायों का, जिसमें 12 - 12 में यति के साथ चरण पूर्ण होता है।

अतः विकल्प (D) सही है।

2. रौद्र रस यहाँ सही विकल्प है। उक्त पंक्तियों में चूँकि क्रोध अथवा रौद्र की भाषा झलक रही है।

रौद्र रस- इसका स्थायी भाव क्रोध होता है जब किसी एक पक्ष या व्यक्ति द्वारा दूसरे पक्ष या दूसरे व्यक्ति का अपमान करने अथवा अपने गुरुजन आदि कि निन्दा से जो क्रोध उत्पन्न होता है उसे रौद्र रस कहते हैं इसमें क्रोध के कारण मुख लाल हो जाना, दाँत पिसना, शास्त्र चलाना, भौहे चढ़ाना आदि के भाव उत्पन्न होते हैं।
अतः विकल्प (A) सही है।

3. वसंततालिका में वार्णिक छंद है। इस छंद के प्रत्येक चरण में चौदह वर्ण होते हैं। वर्णों के क्रम में तगण (SSI), भगण (SSI), दो जगण (ISI, ISI) तथा दो गुरु (SS) रहते हैं।

छंद- यह आह्लाद वर्ण या मात्रा की नियमित संख्या के विन्यास से उत्पन्न होता है। इस प्रकार, छंद की परिभाषा होगी 'वर्णों या मात्राओं के नियमित संख्या के विन्यास से यदि आह्लाद पैदा हो, तो उसे छंद कहते हैं'।
अतः विकल्प (A) सही है।

4. रौद्र रस स्थायी भाव 'क्रोध' होता है जब किसी एक पक्ष या व्यक्ति द्वारा दूसरे पक्ष या दूसरे व्यक्ति का अपमान करने अथवा अपने गुरुजन आदि कि निन्दा से जो क्रोध उत्पन्न होता है उसे रौद्र रस कहते हैं इसमें क्रोध के कारण मुख लाल हो जाना, दाँत पिसना, शास्त्र चलाना, भौहे चढ़ाना आदि के भाव उत्पन्न होते हैं।

अतः विकल्प (A) सही है।

5. उपर्युक्त सुललित, सुसंगठित, पद्य पंक्ति" मेरी भव बाधा हरी राधा नागरि सोई। जा तन की झाई पैरे स्याम हरित दुति होई।।' इन पंक्तियों में भक्ति रस है।
अतः विकल्प (D) सही है।

6. वीभत्स रस का स्थायी भाव जुगुप्सा है। स्थायी भाव- साहित्य में वे मूल तत्व जो मूलतः मनुष्यों के मन में प्रायः सदा निहित रहते और कुछ विशिष्ट अवसरों पर अथवा कुछ विशिष्ट कारणों से स्पष्ट रूप से प्रकट होते हैं। जैसे-प्रेम, हर्ष या उससे उत्पन्न होने वाला हास्य, खेद, दुःख, शोक, भय, वैराग्य आदि।
अतः विकल्प (C) सही है।

7. उपर्युक्त सुललित, सुसंगठित, पद्य पंक्ति" उस काल कारे क्रोध के तन कांपने उसका लगा । मानो हवा के जोर से, सोता हुआ सागर जगा ।। "इन पंक्तियों में रौद्र रस है।
अतः विकल्प (B) सही है।

8. 'परमार्थ' का संधि-विच्छेद परम + अर्थ है, 'परमार्थ' में संधि- दीर्घ 'परमार्थ' का अर्थ- परोपकार। संधि-विच्छेद- वर्णों में संधि करने पर स्वर, व्यंजन अथवा विसर्ग में परिवर्तन आता है। जब किसी एक शब्द को दो भागों में तोड़ा जाता हैं और तोड़े हुए दोनों शब्द अपने अलग-अलग सही अर्थ देते हैं तब इस प्रक्रिया को ही संधि विच्छेद कहते है अर्थात संधि में पदों को मूल रूप में पृथक कर देना ही संधि विच्छेद कहलाता है।
अतः विकल्प (A) सही है।

9. नमस्कार का सही संधि विच्छेद विसर्ग संधि के अनुसार नमः +कार होगा, वर्णों में संधि करने पर स्वर, व्यंजन अथवा विसर्ग में परिवर्तन आता है। जब किसी एक शब्द को दो भागों में तोड़ा जाता हैं और तोड़े हुए दोनों शब्द अपने अलग-अलग सही अर्थ देते है तब इस प्रक्रिया को ही संधि विच्छेद कहते है अर्थात संधि में पदों को मूल रूप में पृथक कर देना ही संधि विच्छेद कहलाता

है।
अतः विकल्प (B) सही है।

10. देवेन्द्र का सही संधि विच्छेद देव + इंद्र है, जिसमें गुण संधि विद्यमान है। संधि विच्छेद- वर्णों में संधि करने पर स्वर, व्यंजन अथवा विसर्ग में परिवर्तन आता है। जब किसी एक शब्द को दो भागों में तोड़ा जाता हैं और तोड़े हुए दोनों शब्द अपने अलग-अलग सही अर्थ देते है तब इस प्रक्रिया को ही संधि विच्छेद कहते है अर्थात संधि में पदों को मूल रूप में पृथक कर देना ही संधि विच्छेद कहलाता है।
अतः विकल्प (D) सही है।

11. अत्याचार शब्द में यण् संधि है। संधि विच्छेद- वर्णों में संधि करने पर स्वर, व्यंजन अथवा विसर्ग में परिवर्तन आता है। जब किसी एक शब्द को दो भागों में तोड़ा जाता हैं और तोड़े हुए दोनों शब्द अपने अलग-अलग सही अर्थ देते है तब इस प्रक्रिया को ही संधि विच्छेद कहते है अर्थात संधि में पदों को मूल रूप में पृथक कर देना ही संधि विच्छेद कहलाता है।
अतः विकल्प (B) सही है।

12. यदि ए, ऐ, ओ तथा औ के बाद भिन्न स्वर आए तथा इनके स्थान पर क्रमशः 'अय, आय, अप्' 'आव' हो जाए तो अयादि संधि होती है।
अतः विकल्प (D) सही है।

13. दिए गए विकल्पों में से 'शालाच्छादन' शब्द का सही संधि विच्छेद शाला+छादन है।

ह्स्व के बाद 'छ' हो तो उसके पहले 'च' जुड़ जाता है।

संधि का प्रकार : व्यंजन संधि

अतः विकल्प (D) सही है।

14. जो भाव संचारियों में गिनाए गए हैं उनके प्रधान या स्वतंत्र रूप से आने पर उनके अंतर्गत भी संचारी भाव आ सकते हैं। लज्जा में जिस व्यक्ति से लज्जा होगी वह आलम्बन और उसका ताकना, झाँकना, उद्दीपन, सिर झुकाना आदि अनुभाव और अवहित्था संचारी कही जा सकती है। इसी प्रकार असूया या ईष्या के अंतर्गत अमर्ष संचारी होकर आ सकता है।

अतः विकल्प (B) सही है।

15. जब संधि करते समय इ, ई के साथ कोई अन्य स्वर हो तो 'य' बन जाता है, जब उ, ऊ के साथ कोई अन्य स्वर हो तो 'व' बन जाता है, जब ऋ के साथ कोई अन्य स्वर हो तो 'र' बन जाता है।

अतः विकल्प (C) सही है।

16. कृष्णापत्र शब्द में संधि दीर्घ संधि है।

कृष्ण + पत्र = कृष्णापत्र

अ + अ = आ दीर्घ का अर्थ है बड़ा। इस संधि में जब दो एक समान वर्ण (ह्स्व या दीर्घ) पास- पास आते हैं, तो दोनों मिलकर उसी वर्ण का दीर्घ रूप बन जाते हैं। इसे दीर्घ संधि कहते हैं।

अतः विकल्प (A) सही है।

17. इस पंक्ति में चौपाई छन्द है।

चौपाई मात्रिक सम छन्द का एक भेद है। प्राकृत तथा अपभ्रंश के १६ मात्रा के वर्णात्मक छन्दों के आधार पर विकसित हिन्दी का सर्वप्रिय और अपना छन्द है। गोस्वामी तुलसीदास ने रामचरित मानस में चौपाइ छन्द का बहुत अच्छा निर्वाह किया है। चौपाई में चार चरण होते हैं, प्रत्येक चरण में १६-१६ मात्राएँ होती हैं तथा अन्त में गुरु होता है।

अतः विकल्प (C) सही है।

18. 'दुश्चरित्र' का उचित सन्धि-विच्छेद 'दुः + चरित्र' है। (विसर्ग के बाद यदि च, छ हो, तो विसर्ग का 'श' हो जाता है) यहाँ विसर्ग सन्धि है।

अतः विकल्प (C) सही है।

19. 'हा प्राण प्यारे ! जीवित रहूँ किसके सहारे?' इन काव्य पंक्तियों में करुण रस है, करुण रस का स्थायी भाव 'शोक' होता है। इसमें आश्रय 'दुखी व्यक्ति' एवं आलंबन 'वह व्यक्ति जिसका अनिष्ट हुआ' है।

किसी प्रिय व्यक्ति या वस्तु के विनाश या अनिष्ट की आशंका से जो भाव मन में पुष्ट होते हैं।

अत: विकल्प (B) सही है।

20. प्रस्तुत काव्यांश में सूरदास ने कृष्ण के वियोग में राधा के मनोभावों एवं दुख का वर्णन किया है, इसलिए यहां वियोग श्रृंगार है।

जहां पर नायक-नायिका का परस्पर प्रबल प्रेम हो लेकिन मिलन न हो अर्थात नायक-नायिका के वियोग का वर्णन हो वहां पर वियोग रस होता है। वियोग श्रृंगार रस का स्थायी भाव रति होता है। वियोग श्रृंगार को 'विप्रलंभ श्रृंगार' भी कहा कहा जाता है।

अत: विकल्प (B) सही है।

21. ऊपर दी गई काव्य पंक्ति में यशोदा का कृष्ण के प्रति प्रेम प्रदर्शित हो रहा है,इसलिए ये काव्य पंक्ति वात्सल्य रस का उत्तम उदाहरण हैं।

वात्सल्य रस का स्थायी भाव वात्सल्यता (अनुराग) होता है। इस रस में बड़ों का बच्चों के प्रति प्रेम,माता का पुत्र के प्रति प्रेम, बड़े भाई का छोटे भाई के प्रति प्रेम,गुरुओं का शिष्य के प्रति प्रेम आदि का भाव स्नेह कहलाता है यही स्नेह का भाव परिपुष्ट होकर वात्सल्य रस कहलाता है।

अत: विकल्प (A) सही है।

22. कहती हुई यों उत्तरा के नेत्र जल से भर गए। हिम के कणों से पूर्ण मानो हो गए पंकज नए। उपर्युक्त पंक्तियों में सम मात्रिक छन्द 'हरिगीतिका' है।

हरिगीतिका छंद: 28 मात्राओं वाले छन्द को हरिगीतिका कहते है। इसमें 16 और 12 मात्राओं पर यति/ विराम होता है। अगर चार बार हरिगीतिका लिख दिया जाय तो भी हरिगीतिका का उदाहरण हो जाता है, अत: हरिगीतिका = 16+12=28 मात्रा

अत: विकल्प (A) सही है।

23. 'रस' निष्पत्ति से सम्बद्ध अभाव का नहीं है।

श्रव्य काव्य के पठन एवं दृश्य काव्य के दर्शन में जो अलौकिक आनन्द प्राप्त होता है,वही काव्य में रस कहलाता है। रस का शाब्दिक अर्थ है-आनन्द। काव्य में जो आनन्द आता है, वह ही काव्य का रस है।

अत: विकल्प (B) सही है।

24. 'दिग्गज' का सन्धि विच्छेद दिक् + गज होता है यहाँ व्यंजन सन्धि है।

यदि प्रथम वर्ण + घोष वर्ण (पंचम वर्ण को छोड़कर) आये तो प्रथम वर्ण अपने वर्ग के तृतीय वर्ण में रूपांतरित हो जाएगा। जैसे – वाक् + दान = वाग्दान, उत् + अय = उदय। व्यंजन संधि के नियम के अनुसार किसी भी वर्ग का पहला वर्ण (क, च, त आदि) + घोष वर्ण (तीसरा या चौथा वर्ण, स्वर तथा अन्तस्थ (य, र, ल, व)) आये तो पहला वर्ण अपने वर्ग के तीसरे वर्ण में रूपांतरित हो जाता है।

अत: विकल्प (A) सही है।

25. 'चौपाई' एक सम मांत्रिक छंद है, जबकि 'दोहा' और 'सोरठा' अर्द्ध सममांत्रिक छंद है।

जिन छंदों के सभी चरण समान होते हैं वे सम मांत्रिक छंद कहलाते हैं जैसे – चौपाई, रोला, हरिगीतिका तथ जिन छंदों के कुछ चरण (दूसरा तथा चौथा)

अत: विकल्प (C) सही है।

26. उपर्युक्त काव्यांश में चौपाई छंद है।

चौपाई छंद: चौपाई मात्रिक सम छन्द का एक भेद है। प्राकृत तथा अपभ्रंश के 16 मात्रा के वर्णनात्मक छन्दों के आधार पर विकसित हिन्दी का सर्वीप्रिय और अपना छन्द है।

अत: विकल्प (C) सही है।

27. 'गुरु पद राज मृदु मंजुल अंजन। नयन अमिउ दृगदोष विभंजन।।' दी गयी पंक्तियां चौपाई का उदाहरण है। अन्य विकल्प असंगत है।

चौपाई: यह मात्रिक सम छन्द है। इसके प्रत्येक चरण में 16 मात्राएँ होती है। चरण के अन्त में जगण (ISI) और तगण (SSI) का आना वर्जित है।

उदाहरण:

* नित नूतन मंगल पुर माहीं। निमिष सरिस दिन जामिनि जाहीं।।
* बड़े भोर भूपतिमनि जागे। जाचक गुनगन गावन लागे ।।

अत: विकल्प (A) सही है।

28. इहि विधि राम सबहिं समुझावा। गुरु पद पदुम हरषि सिर नावा।

उपरोक्त पंक्ति में चौपाई छंद है।

चौपाई मात्रिक सम छन्द का एक भेद है। प्राकृत तथा अपभ्रंश के 16 मात्रा के वर्णनात्मक छन्दों के आधार पर विकसित हिन्दी का सर्वीप्रिय और अपना छन्द है।

अत: विकल्प (D) सही है।

29. छंद को 'पिंगल' के नाम से भी जाना जाता है।

छंद-शास्त्र के आदि प्रणेता पिंगल नाम के ऋषि थे। इसलिए, इसे पिंगल भी कहा जाता है।

अत: विकल्प (B) सही है।

30. छप्पय मात्रिक विषम छन्द है। यह संयुक्त छन्द है, जो रोला (11+13) चार पद तथा उल्लाला (15+13) के दो पद के योग से बनता है। यह छह पंक्तियों का छंद होता है।

उदाहरण:

* डिगति उर्वि अति गुर्वि, सर्व पब्बे समुद्रसर।
* ब्याल बधिर तेहि काल, बिकल दिगपाल चराचर।
* दिग्गयन्द लरखरत, परत दसकण्ठ मुक्खभर।
* सुर बिमान हिम भानु, भानु संघटित परस्पर।
* चौंकि बिरंचि शंकर सहित,कोल कमठ अहि कलमल्यौ।
* ब्रह्माण्ड खण्ड कियो चण्ड धुनि, जबहिं राम शिव धनु दल्यौ।।

अत: विकल्प (D) सही है।

Ques (1-12):निर्देश: सही शब्द का चयन करते हुए रिक्त स्थान की पूर्ति कीजिए।

Q.1 राष्ट्र भाषा की समस्या जटिल है किन्तु उसका_________जटिल नहीं है।

A. रूप   **B.** समाधान   **C.** व्याकरण   **D.** बोध

Q.2 परिस्थियों के ________ होने पर सब कार्य सरल हो जाते है।

A. प्रतिकूल   **B.** अनुकूल   **C.** अनुसार   **D.** इच्छा

Q.3 वसंत ऋतुओं का _____ है।

[SSC Constable (GD), 2019]

A. भाई   **B.** नाना   **C.** राजा   **D.** मामा

Q.4 देश-रक्षा के लिए प्रत्येक नागरिक को _____ रहना चाहिए।

[UPSSSC Rajasva Lekhpal, 2015]

A. उद्यत   **B.** उद्धृत   **C.** प्रबुद्ध   **D.** सम्बद्ध

Q.5 मेरी _________ बीमार है।

A. स्त्री   **B.** पत्नी

C. महिला   **D.** सौभाग्यवती

Q.6 जो विद्यार्थी _____पढ़ाई करते हैं उन्हें अच्छे अंक मिलते है।

[Sainik School Entrance Class VI, 2018]

A. नियमित   **B.** जरुरी   **C.** कभी कभी   **D.** रात को

Q.7 तुमने मेहनत नहीं की इसलिए _____ हुए।

A. मेहमान   **B.** पागल   **C.** सफल   **D.** असफल

Q.8 राहुल बहुत ही घमंडी ________ का लड़का है।

[Sainik School Entrance Class VI, 2018]

A. बुद्धिमान   **B.** ठन्डे दिमाग

C. किस्म   **D.** बहादुर

Q.9 सबने _____ बजाई ।

A. तालियाँ   **B.** बोलियाँ   **C.** बाजा   **D.** गाल

Q.10 उर्वरकों ने मिट्टी की _____ को कम कर दिया है।

A. गरिमा   **B.** पवित्रता

C. उपलब्धता   **D.** उत्पादकता

Q.11 मैया मोहि _______ बहुत खिजायो।

A. राधा   **B.** दाऊ   **C.** सुदामा   **D.** सखा

Q.12 यक्ष देवों की एक________होती है।

A. प्रकार   **B.** जाति   **C.** कोटी   **D.** रूप

Q.13 निर्देश: सही शब्द का चयन करते हुए रिक्त स्थान की पूर्ति कीजिए। आत्म प्रकाशन का अवसर यदि बालक को दिया जाए तो उसका _______ विकारा सरलता से होता है।

A. मानसिक   **B.** शारीरिक   **C.** आर्थिक   **D.** वाक्य

Q.14 निर्देश: सही शब्द का चयन करते हुए रिक्त स्थान की पूर्ति कीजिए। प्रकृति के________ वातावरण में रहकर ग्रामीणजन नैसर्गिक जीवन का आनन्द लेते हैं।

A. सुन्दर   **B.** मधु   **C.** स्वच्छन्द   **D.** ललित

Q.15 निर्देश: सही शब्द का चयन करते हुए रिक्त स्थान की पूर्ति कीजिए। मुझे इस कार्यालय _____ सभी जानकारियाँ अतिशीघ्र चाहिये।

A. द्वारा   **B.** में   **C.** की   **D.** संबंधी

Ques (16-27):निर्देश: सही शब्द का चयन करते हुए रिक्त स्थान की पूर्ति कीजिए।

Q.16 उसका हृदय इतना कोमल है कि मित्र तो क्या वह अपने _______ को भी चोट नहीं पहुँचा सकता।

[UPSSSC Rajasva Lekhpal, 2015]

A. प्रतिरोधी   **B.** शत्रु   **C.** सहयोगी   **D.** विपक्षी

Q.17 पिता ने पुत्र के प्रणाम का उत्तर _________ में दिया।

A. अभिवादन   **B.** अवनीश   **C.** बख्शीश   **D.** स्वैच्छा

Q.18 प्रेमचंद ने कहानियों द्वारा साहित्य में _____ पैदा कर दी।

A. कांति   **B.** क्रांति   **C.** आनंद   **D.** आंदोलन

Q.19 मनुष्य स्वभावतः _____ पसंद नहीं करता।

A. एकाकीपन   **B.** अनुभव   **C.** जरूरत   **D.** दयावान

Q.20 विज्ञान ने ऐश्वर्य के साधन __________ करा दिए हैं।

A. दुर्गम   **B.** सुलभ

C. संवेदनशीलता   **D.** विलम्ब

Q.21 श्याम ने _____ से देशभक्ति का संकल्प लिया।

A. उत्सुकता   **B.** तत्परता   **C.** पर्यटन   **D.** दृढ़ता

Q.22 लाठी एक बड़ा ____ है।

A. औजार   **B.** शस्त्र   **C.** अस्त्र   **D.** उपकरण

Q.23 साहित्य समाज का ________ है।

A. आलोचना   **B.** भाषा   **C.** किताब   **D.** दर्पण

Q.24 गुलामी की प्रथा से _________ होकर साहित्यकारों ने अनेक मर्मस्पर्शी कहानियाँ लिखी हैं।

A. व्यथित   **B.** उत्क्षिप्त   **C.** उत्थित   **D.** आह्लादित

Q.25 भारत माता की कोख में जो अमूल्य निधियाँ भरी हैं जिनके कारण वह ________ कहलाती है।

A. वृत्तियाँ   **B.** मूर्तियां   **C.** वसुन्धरा   **D.** समाज

Q.26 हमें एक अत्यंत मानवीय, न्यायशील, सत्यप्रेम तथा सौहार्द्र के प्रति_____ समाजसूत्र का निर्माण करना है।

A. प्रेम   **B.** विशुद्ध   **C.** प्रबुद्ध   **D.** सन्नद्ध

Q.27 परंपरा से ही नहीं, हमें सामयिक _____ से भी अपना सम्बन्ध जोड़ना है।

A. निर्मम   **B.** निरंकुश

C. सप्राण   **D.** जन-संस्कृति

Q.28 निर्देश: सही शब्द का चयन करते हुए रिक्त स्थान की पूर्ति कीजिए। 'आज आकाश में _____ छाए हैं।'

A. जलज   **B.** जलधि   **C.** जलद   **D.** नीरज

Q.29 निर्देश: सही शब्द का चयन करते हुए रिक्त स्थान की पूर्ति कीजिए। 'बड़ा _____ लड़का है, काले साँप को भी पकड़ लेता है।'

A. मूर्ख   B. बेबकूफ   C. निःशंक   D. निर्भीक

Q.30 निर्देश: सही शब्द का चयन करते हुए रिक्त स्थान की पूर्ति कीजिए।

'इस मामले में आपको वकील से _____ लेना चाहिए।'

A. मेल   B. मंत्रणा   C. बात-चीत   D. परामर्श

// स्मार्ट उत्तर पुस्तिका //

सही उत्तर	उन छात्रों का प्रतिशत जिन्होंने प्रश्नों का सही उत्तर दिया था।	छोड़ दिया	उन छात्रों का प्रतिशत जिन्होंने प्रश्नों को छोड़ दिया था।

प्रश्न संख्या	उत्तर	सही उत्तर / छोड़ दिया	प्रश्न संख्या	उत्तर	सही उत्तर / छोड़ दिया	प्रश्न संख्या	उत्तर	सही उत्तर / छोड़ दिया	प्रश्न संख्या	उत्तर	सही उत्तर / छोड़ दिया	प्रश्न संख्या	उत्तर	सही उत्तर / छोड़ दिया	प्रश्न संख्या	उत्तर	सही उत्तर / छोड़ दिया
1	B	52.68 % / 31.88 %	6	A	48.11 % / 38.29 %	11	B	68.23 % / 30.79 %	16	B	62.78 % / 36.17 %	21	D	64.06 % / 34.43 %	26	C	69.56 % / 30.32 %
2	B	62.29 % / 34.91 %	7	D	44.8 % / 44.79 %	12	B	40.19 % / 33.44 %	17	D	51.73 % / 38.01 %	22	B	61.09 % / 34.48 %	27	D	67.34 % / 32.51 %
3	C	47.8 % / 38.76 %	8	C	57.46 % / 34.15 %	13	A	56.38 % / 43.46 %	18	B	41.65 % / 35.17 %	23	D	65.03 % / 33.73 %	28	C	53.56 % / 37.92 %
4	A	59.76 % / 38.24 %	9	A	41.96 % / 33.5 %	14	C	64.27 % / 32.94 %	19	A	52.87 % / 44.32 %	24	A	60.19 % / 37.51 %	29	D	64.94 % / 30.38 %
5	B	62.66 % / 33.86 %	10	D	69.1 % / 30.75 %	15	D	63.78 % / 30.26 %	20	B	58.45 % / 33.51 %	25	C	66.62 % / 31.21 %	30	D	64.68 % / 30.39 %

//संकेत और समाधान//

1. राष्ट्र भाषा की समस्या जटिल है किन्तु उसका **समाधान** जटिल नहीं है।

- समाधान का अर्थ है: संकट को दूर करना
- अन्य विकल्प असंगत है।

अतः विकल्प (B) सही है।

2. परिस्थियों के **अनुकूल** होने पर सब कार्य सरल हो जाते है।

विकल्प:

- प्रतिकूल – विपरीत
- अनुकूल – मेल रखने वाला
- अनुसार – अनुरूप
- इच्छा – कामना, रुचि

इसलिए विकल्प 'अनुकूल' इसका सही उत्तर है।

अतः विकल्प (B) सही है।

3. वसंत ऋतुओं का **राजा** है।

- राजा का अर्थ है: शासक , प्रधान ,अधिपति
- अन्य विकल्प असंगत है।

अतः विकल्प (C) सही है।

4. देश-रक्षा के लिए प्रत्येक नागरिक को **उद्यत** रहना चाहिए।

- उद्यत शब्द का अर्थ है : परिश्रमी , आमादा , अनुशासित
- अन्य विकल्प असंगत है।

अतः विकल्प (A) सही है।

5. मेरी **पत्नी** बीमार है।

- पत्नी शब्द का अर्थ है : सहचरी , भार्या, सहगामिनी
- अन्य विकल्प असंगत है।

अतः विकल्प (B) सही है।

6. जो विद्यार्थी **नियमित** पढ़ाई करते हैं उन्हें अच्छे अंक मिलते है।

- नियमित शब्द का अर्थ: रोजाना, नियमबद्ध
- अन्य विकल्प असंगत है।

अतः विकल्प (A) सही है।

7. तुमने मेहनत नहीं की इसलिए **असफल** हुए।

- असफल का अर्थ है : विफल , नाकामयाब
- अन्य विकल्प असंगत है।

अतः विकल्प (D) सही है।

8. राहुल बहुत ही घमंडी **किस्म** का लड़का है।

- घमंडी का अर्थ: अहंकारी, गर्वित, अकड़ू, मगरूर, अकड़बाज, गर्वीला, आत्माभिमानी, ठस्सेबाज।
- अन्य विकल्प असंगत है।

अतः विकल्प (C) सही है।

9. सबने **तालियाँ** बजाई ।

- अन्य विकल्प असंगत है।

अतः विकल्प (A) सही है।

10. उर्वरकों ने मिट्टी की **उत्पादकता** को कम कर दिया है।

- उत्पादकता का अर्थ होता है : उत्पादन , क्षमता
- अन्य विकल्प असंगत है।

अतः विकल्प (D) सही है।

11. मैया मोहि **दाऊ** बहुत खिजायो।

- दाऊ का अर्थ है : भ्राता , बलराम
- अन्य विकल्प असंगत है।

अतः विकल्प (B) सही है।

12. यक्ष देवों की एक **जाति** होती है।

- जाति का अर्थ है : श्रेणी , जन्म
- अन्य विकल्प असंगत है।

अतः विकल्प (B) सही है।

13. आत्म प्रकाशन का अवसर यदि बालक को दिया जाए तो उसका **मानसिक** विकास सरलता से होता है।

- मानसिक का अर्थ है : मनोवृत्ति , सोच , विचारधारा
- अन्य विकल्प असंगत है।

अतः विकल्प (A) सही है।

14. प्रकृति के **स्वच्छन्द** वातावरण में रहकर ग्रामीणजन नैसर्गिक जीवन का आनन्द लेते हैं।

- स्वच्छन्द का अर्थ है : इच्छानुसार , मनमौजी
- अन्य विकल्प असंगत है।

अतः विकल्प (C) सही है।

15. मुझे इस कार्यालय **संबंधी** सभी जानकारियाँ अतिशीघ्र चाहियें।

- संबंधी का अर्थ है: रिश्तेदार ,नातेदार
- अन्य विकल्प असंगत है।

अतः विकल्प (D) सही है।

16. उसका हृदय इतना कोमल है कि मित्र तो क्या वह अपने **शत्रु** को भी चोट नहीं पहुँचा सकता।

- शत्रु का अर्थ है: दुश्मन , रिपु
- अन्य विकल्प असंगत है।

अतः विकल्प (A) सही है।

17. पिता ने पुत्र के प्रणाम का उत्तर **स्वैच्छा** में दिया।

- अन्य विकल्प असंगत है।

अतः विकल्प (D) सही है।

18. प्रेमचंद्र ने कहानियों द्वारा साहित्य में **क्रांति** पैदा कर दी।

- क्रांति का अर्थ है : परिवर्तन , बदलाव
- अन्य विकल्प असंगत है।

अतः विकल्प (B) सही है।

19. मनुष्य स्वभावतः **एकाकीपन** पसंद नहीं करता।

- एकाकीपन का अर्थ है : अकेला , एकाकी
- अन्य विकल्प असंगत है।

अतः विकल्प (A) सही है।

20. विज्ञान ने ऐश्वर्य के साधन **सुलभ** करा दिए हैं।

- सुलभ का अर्थ है : आसानी , सुगम
- अन्य विकल्प असंगत है।

अतः विकल्प (B) सही है।

21. श्याम ने **दृढ़ता** से देशभक्ति का संकल्प लिया।

- दृढ़ता का अर्थ है : मज़बूती , कठोरता
- अन्य विकल्प असंगत है।

अतः विकल्प (D) सही है।

22. लाठी एक बड़ा **शस्त्र** है।

- शस्त्र का अर्थ है : हथियार , आयुध
- अन्य विकल्प असंगत है।

अतः विकल्प (B) सही है।

23. साहित्य समाज का **दर्पण** है।

- दर्पण का अर्थ है:आईना , आरसी
- अन्य विकल्प असंगत है।

अतः विकल्प (D) सही है।

24. गुलामी की प्रथा से **व्यथित** होकर साहित्यकारों ने अनेक मर्मस्पर्शी कहानियाँ लिखी हैं।

- व्यथित का अर्थ है : दुखी , संत्रस्त
- अन्य विकल्प असंगत है।

अतः विकल्प (A) सही है।

25. भारत माता की कोख में जो अमूल्य निधियाँ भरी हैं जिनके कारण वह **वसुन्धरा** कहलाती है।

- वसुन्धरा का अर्थ है : वसुधा , धरित्री
- अन्य विकल्प असंगत है।

अतः विकल्प (C) सही है।

26. हमें एक अत्यंत मानवीय, न्यायशील, सत्यप्रेम तथा सौहार्द्र के प्रति **प्रबुद्ध** समाजसूत्र का निर्माण करना है।

- प्रबुद्ध का अर्थ है : ज्ञानी , जाग्रत
- अन्य विकल्प असंगत है।

अतः विकल्प (C) सही है।

27. परंपरा से ही नहीं, हमें सामयिक **जन-संस्कृति** से भी अपना सम्बन्ध जोड़ना है।

अन्य विकल्प असंगत है।

अतः विकल्प (D) सही है।

28. 'आज आकाश में **जलद** छाए हैं ।'

- जलद का अर्थ है :जल देने वाले अर्थात मेघ या बादल।
- अन्य विकल्प असंगत है।

अतः विकल्प (C) सही है।

29. पूर्ण वाक्य है - 'बड़ा **निर्भीक** लड़का है, काले साँप को भी पकड़ लेता है।'

- दिए गए विकल्पों में से रिक्त स्थान के लिए उचित शब्द 'निर्भीक' होगा।
- 'निर्भीक' विशेषण शब्द है जिसका अर्थ है निडर।
- निः + भीक = निर्भीक। यह विसर्ग संधि का उदाहरण है।

अन्य शब्द -

- मूर्ख - नासमझ
- बेबकूफ - नासमझ
- निःशंक - बिना शंका का

अतः विकल्प (D) सही है।

30. 'इस मामले में आपको वकील से **परामर्श** लेना चाहिए।'

- दिए गए विकल्पों में से रिक्त स्थान के लिए उचित शब्द 'परामर्श' होगा।
- 'परामर्श' पुल्लिंग शब्द है जिसका अर्थ है विवेचन हेतु आपस में होनेवाली सलाह।
- 'मेल, मंत्रणा, बातचीत' उक्त सभी शब्द दिए गए रिक्त स्थान में व्याकरण की दृष्टि से अनुचित होंगे।

अतः विकल्प (D) सही है।

Ques (1-5):निर्देशः नीचे दिए गए पद्यांश को ध्यानपूर्वक पढ़ें तथा उस पर आधारित प्रश्न के सही उत्तर को चुनें।

मैं पानी हूँ मैं जीवन हूँ
मुझसे सबका नाता।
मैं गंगा हूँ, मैं यमुना हूँ
तीरथ भी बन जाता।
मैं हूँ निर्मल पर दोष सभी,
औरों के हर लेता।
कल तक दोष तुम्हारे थे जो,
अपने में भर लेता।
पर सोचो तो मैं यों कब तक,
कचरा भरता जाऊँ!
मुझको जीवन भी कहते हैं,
मैं कैसे मरता जाऊँ!
गन्दा लहू बहा अपने में
कब तक चल पाता तन।
मैं धरती की सुन्दरता हूँ,
हर प्राणी की धड़कन।
मेरी निर्मलता से होगी,
धरती पर हरियाली।
फसलों में यौवन महकेगा,
हर आँगन दीवाली।
नदियाँ, झरने, ताल-तलैया,
कुआँ हो या कि सागर।
रूप सभी ये मेरे ही हैं,
एक बूँद या गागर।
हर पौधे की हर पत्ती की
प्यास बुझाऊँ जीभर।
पर जीना दूभर होगा ये,
दूषित हो जाने पर।

Q.1 'तीरथ' का तत्सम रूप लिखिए।

A. तीर   B. तीरथंकर   C. तीर्थ   D. उत्तीर्ण

Q.2 पानी की निर्मलता किसके कारण नष्ट हुई?

A. हमारे दोष अपने में भरने के कारण
B. लगातार बहने के कारण
C. पत्ते भरने के कारण
D. प्रकृति के कारण

Q.3 पानी को धरती की सुन्दरता कहा गया है, क्योंकि ________।

A. बहता पानी सुन्दर लगता है।
B. झरने लगातार बहते हैं।
C. हरियाली और फसलों से पूरी धरती सुन्दर बनती है।
D. सागर के पानी में लहरें उठती हैं।

Q.4 पानी के दूषित हो जाने पर क्या स्थिति होगी?

A. पानी साफ करने का अवसर आएगा।
B. आदमी का इस धरती पर जीना कठिन हो जाएगा।
C. पानी उबालना पड़ेगा।
D. कोई फर्क नहीं पड़ेगा।

Q.5 इस कविता से ढूँढकर 'पानी' का पर्यायवाची लिखिए।

A. निर्मल   B. बूंद   C. जीवन   D. सागर

Ques (6-11):निर्देश: नीचे दिए गए पद्यांश को पढ़कर पूछे गए प्रश्नों के सबसे उपयुक्त उत्तर वाले विकल्प को चुनिए।

बहुत दिनों बाद मुझे धूप ने बुलाया।

ताते जल नहा पहन श्वेत वसन आई,

खुले लॉन में बैठ गई दमकती लुनाई,

सूरज खरगोश धवल गोद उछल आया।

बहुत दिनों बाद मुझे धूप ने बुलाया।

नभ के उद्यान-छत्र तले भेज टीला,

पड़ा हरा फूल कढ़ा मेज़पोश पीला,

वृक्ष खुली पुस्तक हर पृष्ठ फड़फड़ाया।

बहुत दिनों बाद मुझे धूप ने बुलाया।

पैरों में मखमल की जूती सी क्यारी,

मेघ ऊन का गोला बुनती सुकुमारी,

डोलती सलाई हिलता जल लहराया।

बहुत दिनों बाद मुझे धूप ने बुलाया।

Q.6 'मुझे धूप ने बुलाया' में अलंकार है-

[CTET Paper - I, 2021]

A. उपमा   B. रूपक
C. मानवीकरण   D. अनुप्रास

Q.7 कवि ने सूरज के लिए किस उपमान का प्रयोग किया है?

[CTET Paper - I, 2021]

A. पीले मेजपोश पर हरे फूल काढ़े गए हों।
B. खुली पुस्तक के पन्ने फड़फड़ा रहे हों।
C. कोई युवती ऊन का गोला बुन रही हो।
D. सफेद रंग का खरगोश उछलकूद कर रहा हो।

Q.8 'बहुत दिनों बाद मुझे धूप ने बुलाया' से अभिप्राय है-

[CTET Paper - I, 2021]

A. कोहरे भरे शीत के बाद धूप निकली हो।
B. कवि को बहुत दिनों बाद धूप में आने का अवसर मिला हो।
C. तेज़ वर्षा के बाद उजली धूप निकली हो।
D. बहुत दिनों बाद धूप में बैठने का आनंद आया हो।

Q.9 धूप किस रंग के वस्त्र पहनकर आई है?

[CTET Paper - I, 2021]

A. हरे   B. पीले   C. भूरे   D. सफ़ेद

Q.10 'मेघ ऊन का गोला बुनती सुकुमारी' से आशय है-

[CTET Paper - I, 2021]

A. समुद्र की लहरें उफन रही हैं।
B. आकाश में सतरंगे बादल छाए हैं।
C. वृक्ष पर पत्ते लहरा रहे हैं।
D. नभ में श्वेत बादल उड़ रहे हैं।

Q.11 'ताते जल नहा' में किसके स्नान का उल्लेख है?

A. धूप का
B. खरगोश का
C. सूरज का
D. कवि का

Ques (12-15):निर्देश: निम्नलिखित काव्यांश को पढ़कर, पूछे गए प्रश्नों के सबसे उपयुक्त उत्तर वाले विकल्प चुनिए।

नन्हा सा बच्चा बड़ा सा बस्ता,

लादे जाता पीठ पर!

हाथ में बोतल, आँखों पर चश्मा,

स्कूल से ट्यूशन, ट्यूशन से घर

होमवर्क करे रात भर !

सपने में मम्मी की डाँट, मैडम की छि – छि

सहपाठी चिढ़ाते, हँसते हे - ही !

न ठीक से खाना, न ठीक से सोना

न नानी के घर जाना है!

छुट्टियों में न मौजमस्ती, न त्योहारों में उधम मचाना

बारहों महीने एक ही रट, प्रथम हमको आना है !

प्रगति नाम का दानव लील गया है बचपन को

जो ब्लड प्रैशर हुआ करता था वृद्धों को,

अब होने लगा है नन्हों को !

लोगों अब तो सँभल भी जाओ

बच्चों को बच्चा रहने दो, रेस का घोड़ा मत बनने दो।

Q.12 बचपन को किसने समाप्त कर दिया है:
A. प्रगति की अपेक्षा
B. स्कूल का अनुशासन
C. ट्यूशन का भुगतान
D. माता – पिता का प्यार

Q.13 कविता में 'बच्चा' व्यस्त रहता है:
A. खेलने – कूदने में
B. पढ़ने-लिखने में
C. मौज – मस्ती में
D. उधम मचाने में

Q.14 दी गई कविता में किस बात पर बल दिया गया है?
A. बच्चों को रेस का घोड़ा बनाने पर
B. कक्षा में प्रथम आने पर
C. बच्चों का बचपन न छीनने पर
D. बच्चों को पढ़ाने – लिखाने पर

Q.15 'रात भर' कौन सा क्रियाविशेषण शब्द है?
A. रीतिवाचक
B. परिमाणवाचक
C. कालवाचक
D. स्थानवाचक

Ques (16-20):निर्देश: निम्नलिखित काव्यांश को पढ़कर दिए गए प्रश्न के सबसे उचित उत्तर वाले विकल्प का चयन करें।

मनमोहिनी प्रकृति की जो गोद में बसा है,

सुख स्वर्ग-सा जहाँ है, वह देश कौन-सा है?

जिसको चरण निरन्तर रत्नेश धो रहा है,

जिसका मुकुट हिमालय, वह देश कौन-सा है?

नदियाँ जहाँ सुधा की धारा बहा रही हैं,

सींचा हुआ सलोना, वह देश कौन-सा है?

जिसके बड़े रसीले, फल, कन्द, नाज, मेवे,

सब अंग में सजे हैं, वह देश कौन-सा है?

जिसमे सुगन्ध वाले, सुन्दर प्रसूने प्यारे,

दिन-रात हँस रहे हैं, वह देश कौन-सा है?

मैदान, गिरि, वनों में हरियालियाँ लहकती,

आनन्दमय जहाँ है, वह देश कौन-सा है?

जिसकी अनन्त धन से, धरती भरी पड़ी है,

संसार का शिरोमणि, वह देश कौन-सा है?

Q.16 उपर्युक्त पद्य में किस देश की बात हो रही है?
A. अमेरिका
B. भारत
C. चीन
D. पाकिस्तान

Q.17 भारत का मुकुट किसको कहा गया है?
A. स्वर्ग
B. प्रकृति
C. हिमालय
D. नदियाँ

Q.18 उपर्युक्त पद्यांश के अनुसार निम्नलिखित में से भारत के अंग में क्या सजे है?
A. स्वर्ग
B. हिमालय
C. रसीले फल
D. मैदान

Q.19 निम्नलिखित में से शिरोमणि शब्द का अर्थ है?
A. सिरमौर
B. ताज
C. मान्य और श्रेष्ठ व्यक्ति
D. बादशाह

Q.20 निम्नलिखित में से कौन सा शब्द स्त्रीलिंग नहीं है?
A. सुधा
B. धारा
C. संसार
D. धरती

Ques (21-25):निर्देश: निम्नलिखित काव्यांश को पढ़कर दिए गए प्रश्न के सबसे उचित उत्तर वाले विकल्प चुनकर लिखिए।

गरजते घन घनन – घन - घन,

नाचता है मोर-सा मन,

ऐसी पड़ी झर-झर झड़ी -

भीगा बदन बेसुध है मन।

आज वर्षा अजब आई !

बह रही है मस्त पुरवाई,

नदी है द्वार तक आई,

मेघों से लिपटकर सो गया सूरज -

ले रहे हैं खेत अँगड़ाई।

आज वर्षा गजब आई !

Q.21 "लिपटकर सो गया सूरज" का भाव है कि सूर्य:
A. नींद में है।
B. खो गया है।
C. थक गया है।
D. छिप गया है।

Q.22 "पुरवाई" से आशय है:
A. पूर्व से आने वाली वायु
B. पूर्व को बहने वाली नदी
C. पूर्व की ओर बहने वाली पवन
D. मदमस्त करने वाली हवा

Q.23 "बेसुध है मन" कहकर कवि बताना चाहता है कि मन:
A. पानी से भीग जाता है।
B. मस्त हो जाता है।

C. गाने लगता है।   **D.** झूमने लगता है।

Q.24 खेत अँगड़ाइयाँ ले रहे हैं क्योंकि:
A. सूर्य दिखाई नहीं दे रहा है।
B. सूर्य के सो जाने से उन्हें भी नींद आ रही है।
C. सुबह हो गई, वे नींद से जाग रहे हैं।
D. उन्हें बहुत आनंद आ रहा है।

Q.25 मन की उपमा किससे दी गई है?
A. बादलों से   **B.** वर्षा से   **C.** मोर से   **D.** सावन से

Ques (26-30):निर्देश: निम्नलिखित पद्यांश को पढ़कर पूछे गए प्रश्नों के सबसे उपयुक्त उत्तर वाले विकल्प को चुनिए।

सूर्योदय, सूर्यास्त असंख्यों

सोना ही सोना बरसा कर

मोल नहीं ले पाए इसको;

भीषण बादल

आसमान में गरज गरज कर

धरती को न कभी हर पाये,

प्रलय सिंधु में डूब-डूब कर

उभर-उभर आयी है ऊपर।

भूचालों-भूकम्पों से यह मिट न सकी है।

Q.26 इस पद्यांश में मुख्यतः किसकी बात की गई है?
A. सूर्योदय की   **B.** सूर्यास्त की
C. धरती की   **D.** आसमान की

Q.27 धरती पर आने वाले संकटों के लिए उपयुक्त शब्द नहीं है:
A. प्रलय   **B.** भूचाल   **C.** भूकंप   **D.** सिंधु

Q.28 'धरती अनमोल है।' भाव पद्यांश की किस पंक्ति से अभिव्यक्त हो रहा है?
A. सूर्योदय, सूर्यास्त असंख्यों
B. उभर-उभरकर आयी है ऊपर
C. मोल नहीं ले पाए इसको
D. यह मिट न सकी है

Q.29 'सिंधु' का पर्यायवाची शब्द नहीं है:
A. उदधि   **B.** सागर   **C.** जलधि   **D.** जलद

Q.30 निम्नलिखित में से भिन्न शब्द-युग्म है:
A. गरज-गरज   **B.** भूचाल-भूकंपों
C. उभर-उभर   **D.** डूब-डूब

// स्मार्ट उत्तर पुस्तिका //

सही उत्तर — उन छात्रों का प्रतिशत जिन्होंने प्रश्नों का सही उत्तर दिया था।   **छोड़ दिया** — उन छात्रों का प्रतिशत जिन्होंने प्रश्नों को छोड़ दिया था।

प्रश्न संख्या	उत्तर	सही उत्तर / छोड़ दिया	प्रश्न संख्या	उत्तर	सही उत्तर / छोड़ दिया	प्रश्न संख्या	उत्तर	सही उत्तर / छोड़ दिया	प्रश्न संख्या	उत्तर	सही उत्तर / छोड़ दिया	प्रश्न संख्या	उत्तर	सही उत्तर / छोड़ दिया	प्रश्न संख्या	उत्तर	सही उत्तर / छोड़ दिया	प्रश्न संख्या	उत्तर	सही उत्तर / छोड़ दिया
1	C	67.06 % / 30.27 %	6	C	69.52 % / 30.42 %	11	A	69.86 % / 30.01 %	16	B	55.91 % / 32.87 %	21	D	46.39 % / 39.97 %	26	C	55.29 % / 43.57 %
2	A	65.34 % / 31.03 %	7	D	57.07 % / 32.95 %	12	A	40.6 % / 30.48 %	17	C	48.06 % / 46.77 %	22	A	44.35 % / 52.69 %	27	D	61.81 % / 33.97 %
3	C	56.13 % / 41.06 %	8	A	69.45 % / 30.53 %	13	B	64.82 % / 33.78 %	18	C	60.51 % / 32.41 %	23	B	48.94 % / 37.81 %	28	C	40.7 % / 38.73 %
4	B	57.25 % / 30.45 %	9	D	53.17 % / 41.72 %	14	C	56.72 % / 42.75 %	19	C	41.57 % / 45.24 %	24	B	68.49 % / 30.03 %	29	D	68.75 % / 31.08 %
5	B	45.19 % / 36.37 %	10	D	61.21 % / 30.48 %	15	C	59.37 % / 34.65 %	20	C	57.6 % / 34.23 %	25	C	46.62 % / 43.2 %	30	B	59.42 % / 31.31 %

//संकेत और समाधान//

1. 'तीरथ' का तत्सम रूप तीर्थ है।

तत्सम दो शब्दों से मिलकर बना है – तत + सम, जिसका अर्थ होता है – उसके (संस्कृत के) समान। जिन संस्कृत के मूल शब्दों को बिना किसी परिवर्तन के हिन्दी में ज्यों का त्यों प्रयोग किया जाता है, उन्हें तत्सम शब्द कहते हैं। जैसे – सूर्य, वर्षा, नयन, धरित्रि आदि।

अतः विकल्प (C) सही है।

2. पानी की निर्मलता हमारे दोष अपने में भरने के कारण नष्ट हुई।

अतः विकल्प (A) सही है।

3. पानी को धरती की सुन्दरता कहा गया है, क्योंकि हरियाली और फसलों से पूरी धरती सुन्दर बनती है।

अतः विकल्प (C) सही है।

4. पानी के दूषित हो जाने पर आदमी का इस धरती पर जीना कठिन हो जाएगा।

अतः विकल्प (B) सही है।

5. 'पानी' का पर्यायवाची बूंद है।

पानी के अन्य पर्यायवाची शब्द है- जल, नीर, सलिल, अंबु, अंभ, उदक, तोय, जीवन, वारि, पय, अमृत, मेघपुष्प, सारंग।

अतः विकल्प (B) सही है।

6. "मुझे धूप ने बुलाया है" पंक्ति में मानवीकरण अलंकार है।

कवि ने धूप को मानव का रूप देकर उससे आह्वान दिलवाया है। इस प्रकार यहाँ प्रकृति का मानवीकरण किया गया है।

रूपक अलंकार के उदहराण:

मैया ! मैं तो चन्द्र-खिलौना लैहों।

चरण-कमल बन्दों हरिराई।

उपमा अलंकार के उदहराण:

पीपर पात सरिस मन ड़ोला।

मुख चन्द्रमा-सा सुन्दर है।

अनुप्रास अलंकार के उदाहरण:

मुदित महिपति मंदिर आए।

बंदौ गुरु पद पदुम परगा।

अतः विकल्प (C) सही है।

7. पद्‌यांश के अनुसार, कवि ने सूरज के लिए सफेद रंग के खरगोश के उछल कूद करने के उपमान का प्रयोग किया है।

अतः विकल्प (D) सही है।

8. बहुत दिनों बाद मुझे धूप ने बुलाया से अभिप्राय "कोहरे भरे शीत के बाद धूप निकली हो" से है।

अतः विकल्प (A) सही है।

9. उपयुक्त पद्‌यांश के अनुसार धूप सफेद रंग के वस्त्र पहन कर आई है।

"बहुत दिनों बाद मुझे धूप ने बुलाया,

ताते जल नहा पहन श्वेत वसन आई।"

उपयुक्त पंक्तियों से यह ज्ञात होता है की धूप श्वेत (सफ़ेद) वस्त्र पहन कर आयी है।

अतः विकल्प (D) सही है।

10. उपयुक्त गद्‌यांश के अनुसार "मेघ ऊन का गोला बुनती सुकुमारी" से आशय "नभ में श्वेत बादल उड़ रहे हैं" से है। अर्थात् आकाश में सफेद बादल ऐसे लग रहे हैं जैसे कोई सुकुमारी ऊन का गोला बुन रही हो।

अतः विकल्प (D) सही है।

11. "ताते जल नहा" में धूप के स्नान का उल्लेख है। अर्थात धूप नहा कर के तथा श्वेत वस्त्र पहन कर आई है।

अतः विकल्प (A) सही है।

12. पद्‌यांश के अनुसार,

"बारहों महीने एक ही रट, प्रथम हमको आना है !

प्रगति नाम का दानव लील गया है बचपन को"

इसलिए यह निष्कर्ष निकाला जा सकता है कि बचपन को प्रगति की अपेक्षा ने समाप्त कर दिया है।

अत: विकल्प (A) सही है।

13. पद्‌यांश के अनुसार,

"स्कूल से ट्यूशन, ट्यूशन से घर

होमवर्क करे रात भर !"

इसलिए यह निष्कर्ष निकाला जा सकता है कि 'कविता में बच्चा' पढ़ने-लिखने में व्यस्त रहता है।

अत: विकल्प (B) सही है।

14. पद्‌यांश के अनुसार,

"लोगों अब तो सँभल भी जाओ

बच्चों को बच्चा रहने दो, रेस का घोड़ा मत बनने दो।"

इसलिए यह निष्कर्ष निकाला जा सकता है कि कविता में बच्चों का बचपन न छीनने पर पर बल दिया गया है।

अत: विकल्प (C) सही है।

15. 'रात भर' कालवाचक क्रियाविशेषण शब्द है।

कालवाचक: जो अविकारी शब्द किसी क्रिया के व्यापार का समय बतलाते हैं, उन्हें कालवाचक क्रियाविशेषण कहते हैं। जैसे- आज, कल, परसों, पहले, पीछे, अभी, कभी, सदा, अब तक, अभी-अभी, लगातार, बार-बार, प्रतिदिन, रातभर आदि।

अत: विकल्प (C) सही है।

16. उपर्युक्त पद्‌यांश में भारत देश की बात हो रही है।

कवि ने उपर्युक्त पद्‌यांश में भारत का महिमा वर्णन किया है तथा प्राकृतिक वर्णन किया है।

अतः विकल्प (B) सही है।

17. उपर्युक्त पद्‌यांश में भारत का मुकुट हिमालय को कहा गया है।

कवि प्रश्न करते हुए भारत के संदर्भ में पूछता है कि जिस का मुकुट हिमालय है वह देश कौन सा है?

अतः विकल्प (C) सही है।

18. उपर्युक्त पद्‌यांश के अनुसार रसीले फल भारत के अंग में सजे हैं।

सभी प्रश्न पूछते हुए कहता है "जिसके बड़े रसीले, फल, कन्द, नाज, मेवे सब अंग में सजे हैं, वह देश कौन-सा है?"

अतः विकल्प (C) सही है।

19. काव्यांश को ध्यानपूर्वक पढ़ने पर शिरोमणि शब्द का सही अर्थ मान्य और श्रेष्ठ व्यक्ति है।

अतः विकल्प (C) सही है।

20. उपर्युक्त विकल्पों में से विकल्प संसार सही है।

संसार- पुल्लिंग

अर्थ- दुनिया, जगत्, मर्त्यलोक, जन्म–मरण

अतः विकल्प (C) सही है।

21. "लिपटकर सो गया सूरज" का भाव है कि सूर्य 'छिप गया है'।

उपर्युक्त काव्यांश में बताया गया है कि 'सूरज मेघों से लिपटकर सो गया है।' अर्थात छिप गया है।

अतः विकल्प (D) सही है।

22. "पुरवाई" से आशय 'पूर्व से आने वाली वायु' से है।

पुरवाई को 'पुरवा या पुरवैया' भी कहते हैं।

पछुवा या पंछा - पश्चिम दिशा से चलने वाली हवा

उपर्युक्त काव्यांश में बताया गया है 'बह रही है मस्त पुरवाई' अर्थात पूर्व से आने वाली हवा चल रही है।

अतः विकल्प (A) सही है।

23. "बेसुध है मन" कहकर कवि बताना चाहता है कि मन 'मस्त हो जाता है।'

'बेसुध' शब्द में 'बे' उपसर्ग प्रयुक्त हुआ है। 'बे' उपसर्ग उर्दू का है।

अतः विकल्प (B) सही है।

24. खेत अँगड़ाइयाँ ले रहे हैं क्योंकि - 'सूर्य के सो जाने से उन्हें भी नींद आ रही है' है।

उपर्युक्त काव्यांश में बताया गया है 'मेघों से लिपटकर सो गया सूरज -ले रहे हैं खेत अँगड़ाई' अर्थात सूरज के सोने से खेत भी सो गए हैं।

अतः विकल्प (B) सही है।

25. प्रस्तुत काव्यांश में कवि अपनी मनः स्थिति को दर्शा रहा है। वर्षा ऋतु की वजह से मन में हर्ष और उल्लास की भावना उमड़ रही है और इसी वजह से कवि अपने हर्षित मन और उसकी स्थिति की तुलना मोर से कर रहा है की जैसे वर्षा में मोर प्रसन्न हो नृत्य करते हैं उसी प्रकार कवि का मन भी उल्लासित है। इस प्रकार यहाँ मन की तुलना मोर से की गई है।

अतः विकल्प (C) सही है।

26. इस पद्यांश में मुख्यतः धरती की बात की गई है।

पद्यांश के अनुसार,

"आसमान में गरज गरज कर

धरती को न कभी हर पाये,"

अतः विकल्प (C) सही है।

27. धरती पर आने वाले संकटों के लिए उपयुक्त शब्द सिंधु नहीं है। सिंधु का अर्थ सागर है।

प्रलय, भूचाल और भूकंप धरती पर आने वाले संकटों के लिए उपयुक्त शब्द है।

अतः विकल्प (D) सही है।

28. पद्यांश के अनुसार,

"सूर्योदय, सूर्यास्त असंख्यों

सोना ही सोना बरसा कर

मोल नहीं ले पाए इसको;

भीषण बादल"

उपर्युक्त पंक्तियों से हम यह निष्कर्ष निकाल सकते है है कि "मोल नहीं ले पाए इसको" पंक्ति से धरती अनमोल है भाव अभिव्यक्त हो रहा है।

अतः विकल्प (C) सही है।

29. 'सिंधु' का पर्यायवाची शब्द जलद नहीं है।

सिंधु का पर्यायवाची शब्द: अंबुनिधि, महासागर, जलधि, समुंदर, जलेश, बेड़ा, उदधि, सागर

जलद बादल का पर्यायवाची शब्द है।

अतः विकल्प (D) सही है।

30. भिन्न शब्द-युग्म भूचाल-भूकंपों है।

गरज-गरज, उभर-उभर, डूब-डूब समान शब्द-युग्म है।

अतः विकल्प (B) सही है।

Q.1 कौन सा शब्द "दल" का अनेकार्थी नहीं है?

A. सेना   B. समूह   C. पत्ता   D. अग्नि

Q.2 निम्नलिखित शब्दों में से एक का अर्थ 'तेल' भी है-

A. प्रणय   B. प्रीति   C. स्नेह   D. अनुराग

Q.3 निम्नलिखित में से कौन-सा विकल्प अन्य विकल्पों का अनेकार्थी नहीं हैं?

A. प्रबंध   B. नलिन   C. कमल   D. सारस

Q.4 दिए गए विकल्पों में से 'मिथ्या' शब्द का समानार्थ शब्द कौन सा नहीं है?

A. व्यर्थ   B. पाखंड   C. झूठ   D. बेकार

Q.5 'दोना, नाव, मानव रहित विमान' के लिए कौन-सा अनेकार्थी शब्द उचित हैं?

A. ताल   B. धर्म   C. द्रोण   D. नागर

Q.6 इनमें मूक का अनेकार्थक शब्द कौन-सा नहीं है?

A. गूँगा   B. चुप   C. शांत   D. विवश

Q.7 जल, प्राण पुत्र, किस शब्द का अनेकार्थी है?

A. औषधि   B. सार   C. तत्व   D. जीवन

Q.8 निम्न में से 'अर्घ' का अर्थ नहीं है-

A. श्रेष्ठ   B. मधु   C. मूल्य   D. शहद

Q.9 कौन सा शब्द "जलज" का अनेकार्थी नहीं है?

A. कमल   B. मोती   C. मछली   D. बादल

Q.10 "अतिथि" का अनेकार्थी शब्द नहीं है?

A. संन्यासी   B. आम   C. अग्नि   D. अभ्यागत

Q.11 निर्देश: निम्नलिखित प्रश्न में, चार विकल्प दिए गए हैं जिनमें से एक शब्द दिए गए अनेकार्थी शब्द का एक अर्थ है। उस शब्द का चयन करें।

चाप

A. दबाव   B. जल   C. अग्नि   D. रेखा

Q.12 निम्नलिखित में से बेमेल अनेकार्थक शब्द कौन सा है?

A. गो - गाय, इन्द्रिय, स्वर्ग

B. खत - पत्र, आख्यान, खजाना

C. दर्रा - पद्धति, उपाय, व्यवहार

D. ठाकुर - देवता, ईश्वर, स्वामी

Q.13 निर्देश: निम्नलिखित प्रश्न में, चार विकल्प दिए गए हैं जिनमें से एक शब्द दिए गए अनेकार्थी शब्द का एक अर्थ है। उस शब्द का चयन करें।

कुल : वंश

A. सब   B. करोड़   C. ठग   D. कर

Q.14 कौन सा शब्द 'रस' का अनेकार्थी शब्द नहीं है?

A. आनंद   B. स्वाद   C. जीवन   D. सार

Q.15 कौन सा शब्द "गुरू" का अनेकार्थी नहीं है?

A. शिक्षक   B. श्रेष्ठ   C. बड़ा   D. अमृत

Q.16 निम्नलिखित में से कौन-सा शब्द अनेकार्थी नहीं है?

A. आयु   B. अंक   C. मान   D. पत्र

Q.17 निम्नलिखित में से एक अनेकार्थ शब्द 'खग' से संबंधित नहीं है, उसको चुनिए:

A. मन   B. तीर   C. पक्षी   D. आकाश

Q.18 'घन' का अनेकार्थक शब्द समूह है-

A. बादल, घटा, भारी, हथौड़ा

B. बादल, हाथ, बगीचा, भारी

C. हथौड़ा, अधिक बड़ा, बादल, घटा

D. हथौड़ा, अधिक बड़ा, बादल, भारी

Q.19 निम्नलिखित विकल्पों में अनेकार्थक शब्दों की दृष्टि से एक विकल्प अनुपयुक्त है, उसका चयन कीजिए।

A. आकर = भण्डार, कोष, खान

B. अंगद = बालि का पुत्र, एक आभूषण, लक्ष्मण का एक पुत्र

C. अज = बकरा, दशरथ के पिता, ब्रह्मा

D. अनंत = विष्णु, लक्ष्मण, पृथ्वी

Q.20 निम्नलिखित विकल्पों में अनेकार्थक शब्दों की दृष्टि से एक विकल्प अनुपयुक्त है, उसका चयन कीजिए।

A. तात = पिता, गुरु, बड़ा भाई

B. ताल = तालाब, हथेली, संगीत में नियत मात्राओं पर ताली बजाना

C. तेज = चमक, पैना, ताकत

D. नार = गर्दन, नाला, नाड़ा

Q.21 अनेकार्थक शब्द एवं उनके द्वारा धारित अर्थों की दृष्टि से असंगत विकल्प का चयन कीजिए।

A. जलज - कमल, मोती, मछली, चन्द्रमा, सेवार, शंख

B. तत्व - सत्य, सार, धर्म, परिणाम, उद्देश्य, सूक्ष्म ज्ञान

C. जीवन - प्राण, आजीविका, जल, पुत्र, गंगा

D. जाल - रस्सी, बनावट, प्रकृति, स्वभाव, आदत

Q.22 'अवगुंठन' का अनेकार्थ है :

A. घूँघट   B. अँगूठा

C. गाँठ बाँधना   D. गूँथना

Q.23 एषणा का अनेकार्थी है

A. घृणा   B. अनिच्छा

C. अभिलाषा   D. उपयुक्त में से कोई नहीं

Q.24 दैवज्ञ का अनेकार्थी है:

A. देवता   B. ज्योतिषी   C. किन्नर   D. गंधर्व

Q.25 'विधि' के इन अनेकार्थी शब्दों में एक गलत है, उसे चयनित कीजिए:

A. पद्धति   B. ब्रह्मा   C. कानून   D. अवधि

Q.26 अनेकार्थक शब्द 'अब्ज' के गलत विकल्प का चयन कीजिए:

A. शंख   B. चन्द्रमा   C. मेघ   D. कपूर

Q.27 अचल' शब्द का अर्थ है 'स्थिर' और दूसरा अर्थ है :

A. गतिमान   B. चलायमान   C. निश्चल   D. स्थविर

Q.28 निम्नलिखित विकल्पों में से 'मत्सर' शब्द का अनेकार्थी रूप नहीं है

A. ईर्ष्या   B. द्वेष   C. क्रोध   D. राग

Q.29 पट का अनेकार्थी नहीं है ?

A. दरवाजा   B. पर्दा

C. चित्र का आधार   **D.** खेल

Q.30 कौन सा शब्द श्री का अर्थ नहीं है?
A. शोभा   **B.** पवित्र   **C.** लक्ष्मी   **D.** संपदा

// स्मार्ट उत्तर पुस्तिका //

सही उत्तर — उन छात्रों का प्रतिशत जिन्होंने प्रश्नों का सही उत्तर दिया था।

छोड़ दिया — उन छात्रों का प्रतिशत जिन्होंने प्रश्नों को छोड़ दिया था।

प्रश्न संख्या	उत्तर	सही उत्तर / छोड़ दिया	प्रश्न संख्या	उत्तर	सही उत्तर / छोड़ दिया	प्रश्न संख्या	उत्तर	सही उत्तर / छोड़ दिया	प्रश्न संख्या	उत्तर	सही उत्तर / छोड़ दिया	प्रश्न संख्या	उत्तर	सही उत्तर / छोड़ दिया	प्रश्न संख्या	उत्तर	सही उत्तर / छोड़ दिया
1	D	55.29 % / 37.48 %	6	D	48.75 % / 43.68 %	11	A	51.54 % / 42.16 %	16	A	63.49 % / 34.37 %	21	D	41.33 % / 40.87 %	26	D	50.59 % / 42.93 %
2	C	56.82 % / 33.42 %	7	D	65.21 % / 31.55 %	12	C	58.26 % / 40.66 %	17	A	58.07 % / 38.82 %	22	A	49.15 % / 34.58 %	27	A	48.93 % / 34.06 %
3	A	62.71 % / 33.29 %	8	A	43.9 % / 38.05 %	13	A	58.04 % / 40.39 %	18	C	58.83 % / 35.9 %	23	C	41.98 % / 50.31 %	28	A	58.4 % / 31.56 %
4	B	56.73 % / 31.24 %	9	D	44.76 % / 32.42 %	14	C	54.75 % / 32.94 %	19	D	44.53 % / 31.69 %	24	B	43.46 % / 40.68 %	29	A	68.78 % / 30.62 %
5	C	62.98 % / 32.03 %	10	B	66.33 % / 32.49 %	15	D	56.42 % / 36.39 %	20	C	65.56 % / 31.54 %	25	C	53.09 % / 39.9 %	30	C	51.34 % / 41.29 %

//संकेत और समाधान//

1. ऐसे शब्द, जिनके अनेक अर्थ होते है, अनेकार्थी शब्द कहलाते है। दूसरे शब्दों में- जिन शब्दों के एक से अधिक अर्थ होते हैं, उन्हें 'अनेकार्थी शब्द' कहते है।

दल का अर्थ- गिरोह, झुंड।

दल का अनेकार्थी- समूह, सेना, पत्ता, हिस्सा, पक्ष, भाग।

अग्नि, दल का अनेकार्थी नहीं है।

अतः विकल्प (D) सही है।

2. ऐसे शब्द, जिनके अनेक अर्थ होते है, अनेकार्थी शब्द कहलाते है। दूसरे शब्दों में- जिन शब्दों के एक से अधिक अर्थ होते हैं, उन्हें 'अनेकार्थी शब्द' कहते है।

दिए गए विकल्पों में 'स्नेह' का एक अर्थ 'तेल' होता है। प्रीति, प्रणय, अनुराग तथा स्नेह सभी प्रेम के पर्यायवायी शब्द हैं।

अतः विकल्प (C) सही है।

3. ऐसे शब्द, जिनके अनेक अर्थ होते है, अनेकार्थी शब्द कहलाते है। दूसरे शब्दों में- जिन शब्दों के एक से अधिक अर्थ होते हैं, उन्हें 'अनेकार्थी शब्द' कहते है।

दिए गए विकल्पों में 'प्रबंध' शब्द अन्य शब्दों से अलग है। प्रबंध के अनेकार्थी शब्द हैं- तंत्र, शासन, उपाय, औषधि वस्त आदि। नलिन के अनेकार्थी शब्द हैं- कमल, सारस, जल, नील आदि।

अतः विकल्प (A) सही है।

4. ऐसे शब्द, जिनके अनेक अर्थ होते है, अनेकार्थी शब्द कहलाते है। दूसरे शब्दों में- जिन शब्दों के एक से अधिक अर्थ होते हैं, उन्हें 'अनेकार्थी शब्द' कहते है।

- 'मिथ्या' शब्द का समानार्थी शब्द 'पाखंड' नहीं है।
- अन्य सभी शब्द एक दूसरे के समानार्थी शब्द हैं।
- पाखंड के समानार्थी शब्द होंगे - प्रपंच, आडम्बर, ढोंगबाजी।
- 'खंड' शब्द में 'पा' उपसर्ग से 'पाखंड' शब्द बना है।

अतः विकल्प (B) सही है।

5. ऐसे शब्द, जिनके अनेक अर्थ होते है, अनेकार्थी शब्द कहलाते है। दूसरे शब्दों में- जिन शब्दों के एक से अधिक अर्थ होते हैं, उन्हें 'अनेकार्थी शब्द' कहते है।

'दोना, नाव, मानव रहित विमान' के लिए 'द्रोण' शब्द है। दिए गए सभी शब्द 'द्रोण' के अनेकार्थी हैं जिसका अर्थ होता है लकड़ी का रथ।

अन्य विकल्प:

- ताल – संगीत का ताल, झील
- धर्म – सम्प्रदाय, स्वभाव
- नागर – चतुर, नागरमोथा

अतः विकल्प (C) सही है।

6. ऐसे शब्द, जिनके अनेक अर्थ होते है, अनेकार्थी शब्द कहलाते है। दूसरे शब्दों में- जिन शब्दों के एक से अधिक अर्थ होते हैं, उन्हें 'अनेकार्थी शब्द' कहते है।

विवश का आशय 'बाध्य' से है। जबकि मूक का अनेकार्थक शब्द- गूंगा, चुप और शांत होगा। इसलिए मूक का अनेकार्थक शब्द विवश नहीं हैं।

अतः विकल्प (D) सही है।

7. ऐसे शब्द, जिनके अनेक अर्थ होते है, अनेकार्थी शब्द कहलाते है। दूसरे शब्दों में- जिन शब्दों के एक से अधिक अर्थ होते हैं, उन्हें 'अनेकार्थी शब्द' कहते है।

'जीवन' एक अनेकार्थी शब्द है, जिसका अर्थ- जल, प्राण, पुत्र, जिन्दगी, जीविका-निर्वाह आदि है। इसी तरह 'सार' का अर्थ है- तत्व , निष्कर्ष, रस, रसा, लाभ, धैर्य आदि।

अतः विकल्प (D) सही है।

8. ऐसे शब्द, जिनके अनेक अर्थ होते है, अनेकार्थी शब्द कहलाते है। दूसरे शब्दों में- जिन शब्दों के एक से अधिक अर्थ होते हैं, उन्हें 'अनेकार्थी शब्द' कहते है।

जो आचार-विचार, नीति आदि की दृष्टि से महान हो वह श्रेष्ठ है। 'अर्घ' का अर्थ- मधु, मूल्य, शहद।

अतः विकल्प (A) सही है।

9. ऐसे शब्द, जिनके अनेक अर्थ होते है, अनेकार्थी शब्द कहलाते है। दूसरे शब्दों में- जिन शब्दों के एक से अधिक अर्थ होते हैं, उन्हें 'अनेकार्थी शब्द' कहते है।

जलज का अर्थ- जल से उत्पन्न होनेवाला।

जलज का अनेकार्थी- कमल, शंख, मोती, मछली।

बादल, जलज का अनेकार्थी नहीं है।

अतः विकल्प (D) सही है।

10. ऐसे शब्द, जिनके अनेक अर्थ होते है, अनेकार्थी शब्द कहलाते है। दूसरे शब्दों में- जिन शब्दों के एक से अधिक अर्थ होते हैं, उन्हें 'अनेकार्थी शब्द' कहते है।

"अतिथि" का अनेकार्थी संन्यासी, मेहमान, साधु, यात्री, अपरिचित व्यक्ति, यज्ञ में सोमलता लाने वाला, अग्नि,अभ्यागत है।

अतः विकल्प (B) सही है।

11. ऐसे शब्द, जिनके अनेक अर्थ होते है, अनेकार्थी शब्द कहलाते है। दूसरे शब्दों में- जिन शब्दों के एक से अधिक अर्थ होते हैं, उन्हें 'अनेकार्थी शब्द' कहते है।

उपरोक्त विकल्पों में से 'दबाव' शब्द 'चाप' का अनेकार्थी शब्द है।

इसके अन्य अनेकार्थी शब्द हैं – परिधि का एक भाग, धनुष आदि।

चाप स्त्रीलिंग शब्द है जिसका अर्थ पैरों की आहट होगा।

अन्य विकल्प:

- जल के अनेकार्थी शब्द - प्राण, पुत्र, जीवन, जिन्दगी, वायु
- अग्नि के अनेकार्थी शब्द - धूप, गर्मी, साधना, ताप
- रेखा के अनेकार्थी शब्द - पट्टी, वस्त, चीर, चीरना

अतः विकल्प (A) सही है।

12. ऐसे शब्द, जिनके अनेक अर्थ होते है, अनेकार्थी शब्द कहलाते है। दूसरे शब्दों में- जिन शब्दों के एक से अधिक अर्थ होते हैं, उन्हें 'अनेकार्थी शब्द' कहते है।

दरा - पद्धति, उपाय, व्यवहार। यह असंगत विकल्प है।

सही शब्द : ढर्रा है।

ढर्रा - पद्धति, उपाय, व्यवहार

अतः विकल्प (C) सही है।

13. ऐसे शब्द, जिनके अनेक अर्थ होते है, अनेकार्थी शब्द कहलाते है। दूसरे शब्दों में- जिन शब्दों के एक से अधिक अर्थ होते हैं, उन्हें 'अनेकार्थी शब्द' कहते है।

दिए गए विकल्पों में से 'कुल' का अनेकार्थी शब्द 'सब' है।

'कुल' पुल्लिंग शब्द है जिसका अर्थ परिवार या खानदान होता है।

अन्य विकल्प:

शब्द	अनेकार्थी शब्द
करोड़	श्रेणी, कोटि, गणना
ठग	कुमुद, कमल, शत्रु
कर	हाथ, टैक्स, किरण, सूँड़

अतः विकल्प (A) सही है।

14. ऐसे शब्द, जिनके अनेक अर्थ होते है, अनेकार्थी शब्द कहलाते है। दूसरे शब्दों में- जिन शब्दों के एक से अधिक अर्थ होते हैं, उन्हें 'अनेकार्थी शब्द' कहते है।

'जीवन' रस शब्द का अनेकार्थी नहीं है।

अतः विकल्प (C) सही है।

15. ऐसे शब्द, जिनके अनेक अर्थ होते है, अनेकार्थी शब्द कहलाते है। दूसरे शब्दों में- जिन शब्दों के एक से अधिक अर्थ होते हैं, उन्हें 'अनेकार्थी शब्द' कहते है।

अमृत शब्द "गुरू" का अनेकार्थी नहीं है।

गुरू के अनेकार्थी शब्द- शिक्षक, श्रेष्ठ, बड़ा, भारी, दो मात्राएँ (छंद में)

अतः विकल्प (D) सही है।

16. ऐसे शब्द, जिनके अनेक अर्थ होते है, अनेकार्थी शब्द कहलाते है। दूसरे शब्दों में- जिन शब्दों के एक से अधिक अर्थ होते हैं, उन्हें 'अनेकार्थी शब्द' कहते है।

उपरोक्त विकल्पों में से आयु शब्द अनेकार्थी नहीं है।अतः आयु शब्द संगत विकल्प है।

- अनेकार्थी शब्द से अभिप्राय यह है कि जो शब्द स्वयं अनेक अर्थ से भरा हो।
- गौ – गाय, इंद्रिय, वाणी, पृथ्वी।
- गण – छंद का अंग, समूह, भूत।

अतः विकल्प (A) सही है।

17. ऐसे शब्द, जिनके अनेक अर्थ होते है, अनेकार्थी शब्द कहलाते है। दूसरे शब्दों में- जिन शब्दों के एक से अधिक अर्थ होते हैं, उन्हें 'अनेकार्थी शब्द' कहते है।

मन शब्द का खग से कोई सम्बन्ध नही है।

अनेकार्थक शब्द वो होते हैं जिनका समय समय पर अलग-अलग जगह अलग-अलग अर्ढ निकलता है।

जैसे: खग = आकाश, तीर, पक्षी

अतः विकल्प (A) सही है।

18. ऐसे शब्द, जिनके अनेक अर्थ होते है, अनेकार्थी शब्द कहलाते है। दूसरे शब्दों में- जिन शब्दों के एक से अधिक अर्थ होते हैं, उन्हें 'अनेकार्थी शब्द' कहते है।

घन' का अनेकार्थक हथौड़ा, अधिक बड़ा, बादल, घटा आदि है।

अतः विकल्प (C) सही है।

19. ऐसे शब्द, जिनके अनेक अर्थ होते है, अनेकार्थी शब्द कहलाते है। दूसरे शब्दों में- जिन शब्दों के एक से अधिक अर्थ होते हैं, उन्हें 'अनेकार्थी शब्द' कहते है।

अनंत का अनेकार्थी आकाश, ईश्वर, विष्णु, अंतहीन, शेष नाग, लक्ष्मण, पृथ्वी है।

अतः विकल्प (D) सही है।

20. ऐसे शब्द, जिनके अनेक अर्थ होते है, अनेकार्थी शब्द कहलाते है। दूसरे शब्दों में- जिन शब्दों के एक से अधिक अर्थ होते हैं, उन्हें 'अनेकार्थी शब्द' कहते है।

तेज का अनेकार्थी चिह्न, यादगार, पताका है।

अतः विकल्प (C) सही है।

21. ऐसे शब्द, जिनके अनेक अर्थ होते है, अनेकार्थी शब्द कहलाते है। दूसरे शब्दों में- जिन शब्दों के एक से अधिक अर्थ होते हैं, उन्हें 'अनेकार्थी शब्द' कहते है।

जाल - माया, छल, जाला, जानवरों को पकड़ने हेतु रस्सी की बनावट।

अतः विकल्प (D) सही है।

22. ऐसे शब्द, जिनके अनेक अर्थ होते है, अनेकार्थी शब्द कहलाते है। दूसरे शब्दों में- जिन शब्दों के एक से अधिक अर्थ होते हैं, उन्हें 'अनेकार्थी शब्द' कहते है।

'अवगुंठन' का अर्थ - घूँघट है। अत: सही विकल्प 1 'घूँघट' है। अन्य विकल्प अनुचित उत्तर है।

अतः विकल्प (A) सही है।

23. ऐसे शब्द, जिनके अनेक अर्थ होते है, अनेकार्थी शब्द कहलाते है। दूसरे शब्दों में- जिन शब्दों के एक से अधिक अर्थ होते हैं, उन्हें 'अनेकार्थी शब्द' कहते है।

एषणा का अर्थ है: अभिलाषा।अन्य विकल्प गलत उत्तर हैं । सही विकल्प 'अभिलाषा' है।

अतः विकल्प (C) सही है।

24. ऐसे शब्द, जिनके अनेक अर्थ होते है, अनेकार्थी शब्द कहलाते है। दूसरे शब्दों में- जिन शब्दों के एक से अधिक अर्थ होते हैं, उन्हें 'अनेकार्थी शब्द' कहते है।

दैवज्ञ का अर्थ है: ज्योतिषी।अन्य विकल्प गलत उत्तर हैं । सही विकल्प 'ज्योतिषी' है।

अतः विकल्प (B) सही है।

25. ऐसे शब्द, जिनके अनेक अर्थ होते है, अनेकार्थी शब्द कहलाते है। दूसरे शब्दों में- जिन शब्दों के एक से अधिक अर्थ होते हैं, उन्हें 'अनेकार्थी शब्द' कहते है।

विधि के एक से अधिक अर्थ – कानून, रीति, ईश्वर, भाग्य, ढंग।

अतः विकल्प (C) सही है।

26. ऐसे शब्द, जिनके अनेक अर्थ होते है, अनेकार्थी शब्द कहलाते है। दूसरे शब्दों में- जिन शब्दों के एक से अधिक अर्थ होते हैं, उन्हें 'अनेकार्थी शब्द' कहते है।

अब्ज – कपूर, अरब की संख्या, कमल, चन्द्रमा, शंख।

अतः विकल्प (D) सही है।

27. ऐसे शब्द, जिनके अनेक अर्थ होते है, अनेकार्थी शब्द कहलाते है। दूसरे शब्दों में- जिन शब्दों के एक से अधिक अर्थ होते हैं, उन्हें 'अनेकार्थी शब्द' कहते है।

'अचल' के अनेकार्थी शब्द पर्वत, गतिहीन, अटल है।

अतः विकल्प (A) सही है।

28. ऐसे शब्द, जिनके अनेक अर्थ होते है, अनेकार्थी शब्द कहलाते है। दूसरे शब्दों में- जिन शब्दों के एक से अधिक अर्थ होते हैं, उन्हें 'अनेकार्थी शब्द' कहते है।

मत्सर का पर्यायवाची – कुढ़न, ईर्ष्या, द्वेष, जलन

अतः विकल्प (A) सही है।

29. ऐसे शब्द, जिनके अनेक अर्थ होते है, अनेकार्थी शब्द कहलाते है। दूसरे शब्दों में- जिन शब्दों के एक से अधिक अर्थ होते हैं, उन्हें 'अनेकार्थी शब्द' कहते है।

पट – कपड़ा, दरवाज़ा, तख्ता। पत्र – पत्ता, चिट्ठी, पृष्ठ, पंख।

अतः विकल्प (A) सही है।

30. ऐसे शब्द, जिनके अनेक अर्थ होते है, अनेकार्थी शब्द कहलाते है। दूसरे शब्दों में- जिन शब्दों के एक से अधिक अर्थ होते हैं, उन्हें 'अनेकार्थी शब्द' कहते है।

श्री के एक से अधिक अर्थ – लक्ष्मी, कमला, चमक, चन्दन

अतः विकल्प (C) सही है।

Q.1 "तो पर बारौ उरबसी, सुन राधिके सुजान।
तू मोहन की उरबसी, हैं, उरबसी, समान।"
इस अवतरण में कौन-सा अलंकार है?

A. अनुप्रास   **B.** यमक   **C.** श्लेष   **D.** रूपक

Q.2 'खिली हुई दवा आई फिरकी सी आई, चल गई' में कौन सा अलंकार है?

A. रूपक अलंकार   **B.** उपमा अलंकार
C. विरोधाभास अलंकार   **D.** यमक अलंकार

Q.3 'जे रहीम गति दीप की, कुल कपूत गति सोय। बारे उजियारो करै, बढ़े अँधेरो होय।' में कौन सा अलंकार है।

A. रूपक अलंकार   **B.** शब्दालंकार
C. अनुप्रास अलंकार   **D.** श्लेष अलंकार

Q.4 'सोहत ओढ़े पीत पट, स्याम सलोने गात। मनहुँ नीलमनि सैल पर, आतप परयौ प्रभात।।" में कौन-सा अलंकार है?

A. उपमा अलंकार   **B.** मानवीकरण अलंकार
C. उत्प्रेक्षा अलंकार   **D.** इनमें से कोई नहीं

Q.5 "बिनु पद चले, सुने बिनु काना' में कौन सा अलंकार है?

[Uttarakhand Public Service Commission (UKPSC), 2016]

A. श्लेष   **B.** यमक   **C.** रूपक   **D.** विभावना

Q.6 'मधुवन की छाती को देखो, सूखी कितनी इसकी कलियाँ' में कौन-सा अलंकार है?

A. उत्प्रेक्षा   **B.** श्लेष   **C.** यमक   **D.** रूपक

Q.7 'खिली हुई हवा आई फिरकी सी आई, चल गई' में कौन सा अलंकार है?

A. उत्प्रेक्षा अलंकार   **B.** विभावना अलंकार
C. उपमा अलंकार   **D.** अनुप्रास अलंकार

Q.8 उदित उदय गिरि-मंच पर, रघुवर-बाल पतंग।
विकसे संत-सरा૦૦जवन, हरषे लोचन भृंग।। - दोहे में कौन सा अलंकार है?

A. उत्प्रेक्षा   **B.** प्रतीप   **C.** व्यतिरेक   **D.** रूपक

Q.9 'मुदित महीपति मंदिर आए सेवक सचिव सुमंत बुलाए' पंक्ति में कौन-सा अलंकार है?

A. उपमा   **B.** रूपक   **C.** अनुप्रास   **D.** यमक

Q.10 "काली घटा का घमण्ड घटा
नभ मण्डल तारक वृंद खिले।" प्रस्तुत पंक्ति में कौन-सा अलंकार है?

A. लाटानुप्रास   **B.** यमक
C. श्लेष   **D.** वक्रोक्ति

Q.11 "तापस बाला-सी गंगा कूल" में कौन-सा अलंकार है?

A. श्लेष   **B.** उत्प्रेक्षा   **C.** रूपक   **D.** उपमा

Q.12 'चरण धरत चिंता करत, चितवत चारिउ ओर।
सुबरन को ढूँढ़त फिरत, कवि व्यभिचारी चोर।' उपर्युक्त दोहे में कौन-सा अलंकार है?

A. श्लेष   **B.** यमक   **C.** उपमा   **D.** रूपक

Q.13 "तू मोहन के उरबसी हो, उरबसी समान।" में कौन-सा अलंकार है?

A. श्लेष अलंकार   **B.** यमक अलंकार

C. रूपक अलंकार   **D.** अनुप्रास अलंकार

Q.14 'संदेसनि मधुबन-कूप भरे' में कौन-सा अलंकार है?

A. रूपक   **B.** वक्रोक्ति
C. अन्योक्ति   **D.** अतिशयोक्ति

Q.15 'बंदउँ कोमल कमल से जग जननी के पाँव।' में कौन सा अलंकार है?

A. उत्प्रेक्षा   **B.** रूपक   **C.** श्लेष   **D.** उपमा

Q.16 'देखि रूप लोचन ललचाने। हरषे जनु निजनिधि पहिचाने।' में कौन सा अलंकार है?

A. अतिशयोक्ति अलंकार   **B.** रूपक अलंकार
C. उत्प्रेक्षा अलंकार   **D.** अनुप्रास अलंकार

Q.17 'कढ़त साथ ही म्यान तें, असि रिपु तन ते प्रान।' में कौन सा अलंकार है?

A. उत्प्रेक्षा अलंकार   **B.** यमक अलंकार
C. अतिशयोक्ति अलंकार   **D.** उपमा अलंकार

Q.18 "जहाँ गाँठ तहाँ रस नहीं, यह जानत सब कोई।" में कौन सा अलंकार है?

A. मानवीकरण   **B.** यमक
C. श्लेष   **D.** प्रतीप

Q.19 छाया है माथे पर आशीर्वाद - सा पंक्ति में प्रयुक्त अलंकार पहचानें।

A. पुनरुक्ति   **B.** अनुप्रास   **C.** उपमा   **D.** श्लेष

Q.20 "जेते तुम तारे, तेते नभ में न तारे हैं।" में कौन-सा अलंकार है?

A. अनुप्रास अलंकार   **B.** उपमा अलंकार
C. यमक अलंकार   **D.** उत्प्रेक्षा अलंकार

Q.21 "बूंद अघात सहिं गिरि कैसें। खल के बचन संत सह जैसे॥" इस पंक्ति में कौन-से अलंकार का प्रयोग हुआ है?

A. विभावना   **B.** दृष्टांत   **C.** रुपक   **D.** उपमा

Q.22 उदाहरण अलंकार का उदाहरण है-

A. मधुर मधुर मुस्कान मनोहर , मनुज वेश का उजियाला।
B. कल कानन कुंडल मोरपखा उर पा बनमाल बिराजती है।
C. बूंद आघात सहै गिरी कैसे । खल के वचन संत सह जैसे ।
D. कालिंदी कूल कदम्ब की डरनी।

Q.23 'उपमा' अलंकार में उप' का अर्थ क्या है?

A. ऊपर   **B.** बादल   **C.** समीप   **D.** तौलना

Q.24 कल कानन कुंडल मोरपखा उर पा बनमाल बिराजती है। में उपस्थित अलंकार बताइए:

A. श्लेष अलंकार   **B.** अनुप्रास अलंकार
C. यमक अलंकार   **D.** उपमा अलंकार

Q.25 "देख लो साकेत नगरी है यही, स्वर्ग से मिलने गगन में जा रही।" काव्य पंक्ति में अलंकार है।

A. मानवीकरण अलंकार   **B.** भ्रान्तिमान अलंकार
C. अतिशयोक्ति अलंकार   **D.** अनुप्रास

Q.26 "चंद के भरम होत, मोद है कुमोदिनी कों" में कौन सा अलंकार है?

A. विरोधाभास   **B.** भ्रान्तिमान
C. अतिशयोक्ति   **D.** उपर्युक्त सभी

Q.27 'कबीरा सोई पीर है, जो जानै पर पीर। जो पर पीर न जानई, सो काफिर बेपीर।' यह काव्य पंक्ति किस अलंकार का उचित उदाहरण है?

A. यमक अलंकार
B. श्लेष अलंकार
C. रूपक अलंकार
D. उत्प्रेक्षा अलंकार

Q.28 "हनुमान की पूंछ में, लगन न पायी आग | सिगरी लंका जरि गई, चले निसाचर भाग |" में कौन सा अलंकार है?

A. उल्लेख अलंकार
B. अतिशयोक्ति अलंकार
C. व्यतिरेक अलंकार
D. निदर्शना अलंकार

Q.29 चमचमात चंचल नयन, बिच घूघट पर झीन।, मानहुँ सुरसरिता विमल, जल उछरत जुगमीन।। काव्य पंक्ति में अलंकार है।

A. रूपक
B. अतिश्योक्ति अलंकार
C. उपमेयोपमा
D. उत्प्रेक्षा अलंकार

Q.30 जे रहीम गति दीप की, कुल कपूत गति सोय ।बारे उजियारो करै, बढ़े अंधेरो होय। में कौन सा अलंकार है।

A. रूपक अलंकार
B. शब्दालंकार
C. अनुप्रास अलंकार
D. श्लेष अलंकार

// स्मार्ट उत्तर पुस्तिका //

| सही उत्तर | उन छात्रों का प्रतिशत जिन्होंने प्रश्नों का सही उत्तर दिया था। | | छोड़ दिया | उन छात्रों का प्रतिशत जिन्होंने प्रश्नों को छोड़ दिया था। |

प्रश्न संख्या	उत्तर	सही उत्तर / छोड़ दिया	प्रश्न संख्या	उत्तर	सही उत्तर / छोड़ दिया	प्रश्न संख्या	उत्तर	सही उत्तर / छोड़ दिया	प्रश्न संख्या	उत्तर	सही उत्तर / छोड़ दिया	प्रश्न संख्या	उत्तर	सही उत्तर / छोड़ दिया	प्रश्न संख्या	उत्तर	सही उत्तर / छोड़ दिया	प्रश्न संख्या	उत्तर	सही उत्तर / छोड़ दिया
1	B	67.22 % / 31.36 %	6	B	59.69 % / 30.13 %	11	D	47.25 % / 30.56 %	16	C	62.44 % / 30.13 %	21	B	51.01 % / 47.51 %	26	B	59.64 % / 31.61 %
2	B	69.09 % / 30.21 %	7	C	54.41 % / 36.26 %	12	A	57.61 % / 38.1 %	17	C	67.97 % / 30.73 %	22	C	66.17 % / 33.18 %	27	A	64.4 % / 34.91 %
3	D	67.09 % / 32.17 %	8	D	61.97 % / 30.08 %	13	B	50.82 % / 37.93 %	18	C	51.05 % / 39.19 %	23	C	41.25 % / 32.21 %	28	B	40.72 % / 56.75 %
4	C	52.01 % / 47.82 %	9	C	65.07 % / 31.06 %	14	D	69.99 % / 30.0 %	19	C	62.47 % / 32.07 %	24	B	65.76 % / 31.85 %	29	D	42.49 % / 32.73 %
5	D	45.62 % / 45.91 %	10	B	55.07 % / 36.34 %	15	D	40.75 % / 57.44 %	20	C	49.14 % / 31.22 %	25	C	62.62 % / 30.99 %	30	D	41.46 % / 48.26 %

//संकेत और समाधान//

1. "तो पर बारौ उरबसी, सुन राधिके सुजान। तू मोहन की उरबसी, है, उरबसी, समान।" में यमक अलंकार है

- क्योंॊकि अवतरण में "उरबसी" शब्द की आवृत्ति एक से ज्यादा बार हुई है।
- एक ही शब्द, जब दो या दो से अधिक बार आये तथा उनका अर्थ अलग-अलग हो, तो वहाँ पर यमक अलंकार होता है।

अतः विकल्प (B) सही है।

2. 'खिली हुई दवा आई फिरकी सी आई, चल गई' इस काव्य पंक्ति में उपमा अलंकार है।

- जब एक वस्तु की तुलना दूसरी वस्तु से की जाए तो उसे उपमा अलंकार कहा जाता है।
- तुलना प्रकट करने वाले शब्द, सा, सी, से, सरिस, समान।
- उपर्युक्त काव्य पंक्ति में 'सी' अर्थात उसके समान शब्द के कारण उपमा अलंकार होगा।

अन्य विकल्प:

अलंकार	परिभाषा	उदाहरण
रूपक अलंकार	जहाँ गुण की अत्यंत समानता के कारण उपमेय में ही उपमान का अभेद आरोप कर दिया हो, वहाँ रूपक अलंकार होता है।	संतो भाई आई ज्ञान की आंधी रे
विरोधाभास अलंकार	जब किसी वस्तु का वर्णन करने पर विरोध न होते हुए भी विरोध का आभास हो, विरोधाभास अलंकार होता है।	पापी मनुज भी आज मुख से, राम नाम निकालते
यमक अलंकार	जहां एक शब्द एक से अधिक बार आए और उसका अर्थ भिन्न हो, वहाँ यमक अलंकार होता है।	जेते तुम तारे, तेते नभ में न तारे हैं

अतः विकल्प (B) सही है।

3. 'जे रहीम गति दीप की, कुल कपूत गति सोय। बारे उजियारो करै, बढ़े अँधेरो होय।' में श्लेष अलंकार है।

- उपर्युक्त उदाहरण में रहीम जी ने दोहे के द्वारा दीये एवं कुपुत्र के चरित्र को एक जैसा दर्शाने की कोशिश की है। रहीम जी कहते हैं कि शुरू में दोनों ही उजाला करते हैं लेकिन बढ़ने पर अँधेरा हो जाता है।
- उपर्युक्त उदाहरण में बढ़े शब्द से दो विभिन्न अर्थ निकल रहे हैं। दीपक के सन्दर्भ में बढ़ने का मतलब है बुझ जाना जिससे अन्धेरा हो जाता है। कुपुत्र के सन्दर्भ में बढ़ने से मतलब है बड़ा हो जाना।
- बड़े होने पर कुपुत्र कुकर्म करता है जिससे परिवार में अँधेरा छा जात है। एक शब्द से ही दो विभिन्न अर्थ निकल रहे हैं, इसलिए, यह उदाहरण श्लेष अलंकार के अंतर्गत आएगा।

अतः विकल्प (D) सही है।

4. "सोहत ओढ़े पीत पट, स्याम सलोने गात। मनहुँ नीलमनि सैल पर, आतप परयौ प्रभात।।" में उत्प्रेक्षा अलंकार है।

- उपर्युक्त पंक्तियों में श्रीकृष्ण के सुंदर श्याम शरीर में नीलमणि पर्वत की और शरीर पर शोभायमान पीताम्बर में प्रभात की धूप की मनोरम संभावना की गई है।
- उपर्युक्त पंक्तियों में मनहुँ शब्द का प्रयोग संभावना दर्शाने के लिए किया गया है। इसलिए, यह उदाहरण उत्प्रेक्षा अलंकार के अंतर्गत आएगा।

अतः विकल्प (C) सही है।

5. 'बिनु पद चले, सुने बिनु काना' में 'विभावना अलंकार' होगा।

- जब बिना कारण के काम हो जाता है अर्थात जहाँ किसी कार्य कारण के सम्बंध में कोई विलक्षण बात कही जाती है, तब वहाँ विभावना अलंकार होता है। इसमें कारण के अभाव में कार्य का होना बताया जाता है।

अतः विकल्प (D) सही है।

6. 'मधुवन की छाती को देखो, सूखी कितनी इसकी कलियाँ' पद में श्लेष अलंकार है।

- यहाँ पर कलियाँ शब्द एक बार प्रयुक्त होने पर भी दो अर्थ अभिव्यंजित कर रहा है। एक 'कलियाँ' का अर्थ 'खिलने से पूर्व फूल की स्थिति' है और एक 'कलियाँ' का अर्थ 'यौवन से पूर्व की अवस्था' है।

अतः विकल्प (B) सही है।

7. 'खिली हुई हवा आई फिरकी सी आई, चल गई' में उपमा अलंकार होगा।

- जब एक वस्तु की तुलना दूसरी वस्तु से की जाए तो उसे उपमा अलंकार कहा जाता है।
- तुलना प्रकट करने वाले शब्द: सा, सी, से, सरिस, समान

अतः विकल्प (C) सही है।

8. उदित उदय गिरि-मंच पर, रघुवर-बाल पतंग।

विकसे संत-सरॊॊजवन, हरषे लोचन भृंग।। - दोहे की पंक्ति में रूपक अलंकार का प्रयोग हुआ है।

- प्रस्तुत दोहे में 'उदयगिरि' पर 'मंच' का, 'रघुवर' पर 'बाल-पतंग' (सूर्य) का, 'संतों' पर 'सरोज (कमल)' का एवं 'लोचनों' पर 'भृंगों' (भौंरों) का अभेद आरोप होने से रूपक अलंकार है।

अतः विकल्प (A) सही है।

9. 'मुदित महीपति मंदिर आए सेवक सचिव सुमंत बुलाए' पंक्ति में अनुप्रास अलंकार है।

- इस पंक्ति में 'म' और 'स' वर्ण की आवृत्ति एक से ज्यादा बार हुई है।
- अनुप्रास शब्द दो शब्दों से मिलकर बना है – अनु + प्रास। यहाँ पर अनु का अर्थ है- बार -बार और प्रास का अर्थ होता है – वर्ण। जब किसी वर्ण की बार – बार आवर्ती हो तब जो चमत्कार होता है उसे अनुप्रास अलंकार कहते है।

अतः विकल्प (C) सही है।

10. "काली घटा का घमंड घटा नभ मण्डल तारक वृंद खिले।" में यमक अलंकार है।

- उपर्युक्त काव्य-पंक्ति में शरद के आगमन पर उसके सौंदर्य का चित्रण किया गया है। क्योंकि जब वाक्य या कविता में एक ही शब्द दो या दो से अधिक बार आए और उसका अर्थ हर बार भिन्न हो वहाँ यमक अलंकार होता है।

अतः विकल्प (B) सही है।

11. 'तापस बाला-सी गंगा कूल। ' में उपमा अलंकार है।

- यहां पर गंगा की तुलना तापस बाला से की गई है।
- उपमा अलंकार में किसी प्रस्तुत वस्तु की किसी अप्रस्तुत वस्तु के गुण के रूप की तुलना की जाती है।

अतः विकल्प (D) सही है।

12. दिए गए दोहे में श्लेष अलंकार होता है।

- उपर्युक्त दोहे की दूसरी पंक्ति में 'सुबरन' का प्रयोग किया गया है जिसे कवि, व्यभिचारी और चोर-तीनों ढूंढ़ रहे हैं।
- जब किसी शब्द का प्रयोग एक बार ही किया जाता है लेकिन उससे अर्थ कई निकलते हैं तो वह श्लेष अलंकार कहलाता है।

अतः विकल्प (A) सही है।

13. 'तू मोहन के उरबसी हो , उरबसी समान।' इस में 'उरबासी' के दो अर्थ है

1. उरबसी - हृदय में बसी हुई,

2. उरबसी - उर्वशी नामक अप्सरा।

इसलिए यह यमक अलंकार का उदाहरण है। यमक अलंकार में एक शब्द का दो या दो से अधिक बार प्रयोग होता है और प्रत्येक प्रयोग में अर्थ की भिन्नता होती है।

अतः विकल्प (B) सही है।

14. 'संदेसनि मधुबन-कूप भरे' में अतिशयोक्ति अलंकार है ।

- ऊपर की पंक्ति में एक गोपी अपनी सखी से कह रही है कि हमारे संदेशों से मथुरा के कुएं भर गए अर्थात उसने अपने संदेशों के संबंध में बढ़ा-चढ़ाकर वर्णन किया है इस कारण यहां पर अतिशयोक्ति अलंकार होगा।

अतः विकल्प (D) सही है।

15. 'बंदउँ कोमल कमल से जग जननी के पाँव।' में उपमा अलंकार है।

- इसमें उपमेय – जगजननी के पैर, उपमान – कमल, साधारण धर्म – कोमल होना, वाचक शब्द – से, होने के कारण उपमा अलंकार होगा।
- जहां एक वस्तु या प्राणी की तुलना किसी दूसरी वस्तु या प्राणी से की जाए, वहाँ उपमा अलंकार होता है।

अतः विकल्प (D) सही है।

16. 'देखि रूप लोचन ललचाने। हरषे जनु निजनिधि पहिचाने।' में उत्प्रेक्षा अलंकार है।

- दी गई काव्य पंक्ति में राम के रूप सौंदर्य (उपमेय) में निधियाँ (उपमान) की संभावना प्रकट की गई है, इसलिए यहाँ उत्प्रेक्षा अलंकार होगा।
- उपमान के न होने पर उपमेय को ही उपमान मान लिया जाए वहाँ उत्प्रेक्षा अलंकार होता है।

अतः विकल्प (C) सही है।

17. 'कढ़त साथ ही म्यान तें, असि रिपु तन ते प्रान।' में अतिशयोक्ति है।

- इस पंक्ति में म्यान से निकलते ही शत्रुओं के प्राणों का निकलना अतिशयोक्ति है।
- जब किसी वस्तु का बहुत अधिक बढ़ा-चढ़ाकर वर्णन किया जाये तो वहां पर अतिशयोक्ति अलंकार होता है।

अतः विकल्प (C) सही है।

18. 'जहाँ गाँठ तहाँ रस नहीं, यह जानत सब कोई', पंक्ति में श्लेष अलंकार है।

- श्लेष का अर्थ है- चिपका हुआ। अर्थात् एक शब्द के अनेक अर्थ चिपके होते हैं। जब काव्य में कोई शब्द एक बार आए और उसके एक से अधिक अर्थ प्रकट हो, तो उसे श्लेष अलंकार कहते हैं।
- उपरोक्त पंक्ति 'जहाँ गाँठ तहाँ रस नहीं, यह जानत सब कोई' में दो अर्थ चिपके हुए हैं। 1) गन्ने में जहां गांठ होती है, वहां रस नहीं निकलता। 2) जब दो लोगों की दोस्ती में गांठ आ जाती है, तब प्रेम का वह रस नहीं रह जाता।

अतः विकल्प (C) सही है।

19. छाया है माथे पर आशीर्वाद- सा पंक्ति में प्रयुक्त अलंकार 'उपमा अलंकार' है।

- सी, सा, तुल्य, सम, जैसा, ज्यों, के सामान आदि सदृश्य वाचक शब्द उपमा अलंकार में प्रयुक्त होते है।
- 'उपमा' शब्द का अर्थ होता है– तुलना। जब किसी व्यक्ति या वस्तु की तुलना किसी दूसरे यक्ति या वस्तु से की जाए वहाँ पर उपमा अलंकार होता है। अर्थित जब किन्ही दो वस्तुओं के गुण, आकृति, स्वभाव आदि में समानता दिखाई जाए या दो भिन्न वस्तुओं कि तुलना कि जाए, तब वहां उपमा अलंकर होता है। जैसे– "चाँद सा मुख"।

अतः विकल्प (C) सही है।

20. 'जेते तुम तारे, तेते नभ में न तारे हैं।' में यमक अलंकार है।

इस काव्य पंक्ति में 'तारे' शब्द दो बार प्रयोग हुआ है और हर बार इसके अर्थ अलग हैं।

- दिए गए वाक्य में तारे शब्द के दो अर्थ है (तारे – उद्धार किया, तारे – सितारे) अत: यमक अलंकार है।
- जब एक शब्द का प्रयोग दो बार होता है और दोनों बार उसके अर्थ अलग-अलग होते हैं तब वहाँ यमक अलंकार होता है।

अतः विकल्प (C) सही है।

21. "बूंद अघात सहिहं गिरि कैसें। खल के बचन संत सह जैसे॥" पंक्ति में दृष्टांत अलंकार है।

- दिए गए उदाहरण में मुख की तुलना मयंक से की गई है।
- उपर्युक्त पंक्ति में खल (उपमेय) तथा बूंद (उपमान) एवं संत (उपमेय) तथा गिरि (उपमान) बिम्ब -प्रतिबिम्ब रूप से चित्रित हुए हैं।, अतः यहाँ दृष्टांत अलंकार है।
- जहाँ उपमेय और उपमान बिम्ब प्रतिबिम्ब रूप से चित्रित हों, वहाँ दृष्टांत अलंकार होता है।

अतः विकल्प (B) सही है।

22. "बूंद आघात सहै गिरी कैसे । खल के वचन संत सह जैसे ।" उदाहरण अलंकार का उदाहरण है.

- यह भी एक प्रकार का अलंकार होता है।
- परिभषा:- जिन दो वाक्यों का साधारण धर्म भिन्न है, उसमें वाचक शब्द के द्वारा समता दिखाई जाए तो उदाहरण अलंकार होता है।
- दृष्टांत अलंकार में वाचक शब्द नहीं रहता किंतु उदाहरण में रहता है।
- जैसे: हम तुमको कुछ ऐसे चाहें, जैसे मीरा कान्हा को।

अतः विकल्प (C) सही है।

23. उपमा' अलंकार में उप' का अर्थ 'समीप होता है।

- उपमा शब्द 'उप+मा' के योग से बना है।
- यहाँ 'उप' का अर्थ होता है- 'समीप तथा 'मा' का अर्थ होता है- 'मापना' या 'तोलना' अर्थात् समीप रखकर दो पदार्थों का मिलान करना 'उपमा' के नाम से जाना जाता है।

अतः विकल्प (C) सही है।

24. कल कानन कुंडल मोरपखा उर पा बनमाल बिराजती है। पंक्ति में अनुप्रास अलंकार है।

- उपर्युक्त पंक्ति में 'क' वर्ण की आवृति हो रही है।

- जब किसी वाक्य में किसी वर्ण या व्यंजन की एक से अधिक बार आवृति होती है तब वहां अनुप्रास अलंकार होता है। अतएव यह उदाहरण अनुप्रास अलंकार के अंतर्गत आएगा।

अतः विकल्प (B) सही है।

25. "देख लो साकेत नगरी है यही, स्वर्ग से मिलने गगन में जा रही।" पंक्ति में अतिशयोक्ति अलंकार है।

- उपर्युक्त पंक्ति में साकेत नगरी की तुलना स्वर्ग की समृद्धि से की गयी है।

- उपर्युक्त पंक्ति में साकेत नगरी की तुलना स्वर्ग की समृद्धि से करने का अतिशयोक्तिपूर्ण वर्णन है। अतः इसमें अतिशयोक्ति अलंकार है।

अतः विकल्प (C) सही है।

26. 'चंद के भरम होत, मोद है कुमोदिनी कों' पंक्तियों में भ्रान्तिमान अलंकार है।

- चंद के भरम होत, मोद है कुमुदिनी कों - यहाँ कुमुदिनी को देखकर चंद्रमा का भ्रम होना, भ्रांतिमान अलंकार का लक्षण है।

- जब उपमेय को भ्रमवश उपमान समझ लिया जाता है अर्थात उपमेय में उपमान का धोखा हो जाता है, तब वहाँ भ्रांतिमान अलंकार होता है।

अतः विकल्प (B) सही है।

27. 'कबीरा सोई पीर है, जो जानै पर पीर। जो पर पीर न जानई, सो काफिर बेपीर।' यह काव्य पंक्ति 'यमक अलंकार' का उचित उदाहरण है।

- यहाँ पर 'पीर' शब्द के अर्थ हैं - पहला 'पीर' का अर्थात 'महान' है दूसरे 'पीर' का अर्थ 'पीड़ा' होगा।

- जहां एक शब्द एक से अधिक बार आए और उसका अर्थ भिन्न हो, वहाँ यमक अलंकार होता है।

अतः विकल्प (A) सही है।

28. हनुमान की पूंछ में, लगन न पायी आग।

सिगरी लंका जरि गई, चले निसाचर भाग।

- उपरोक्त पंक्ति में हनुमान द्वारा लंका जलाने की घटना का बढ़ा-चढ़ा कर वर्णन किया गया है, इसलिए अतिशयोक्ति अलंकार है।

- जहां प्रस्तुत व्यवस्था का वर्णन कर उसके माध्यम से किसी अप्रस्तुत वस्तु को व्यंजना की जाती है वहां और अतिशयोक्ति अलंकार होता है।

अतः विकल्प (B) सही है।

29. 'चमचमात चंचल नयन, बिच घूघट पर झीन।, मानहँ सुरसरिता विमल, जल उछरत जुगमीन।।' पंक्ति में उत्प्रेक्षा अलंकार है।

- दिए गए उदाहरण में घूघट के झीने परों से ढके दोनों नयनों (उपमेय) में गंगा जी में उछलती युगलमीन (उपमान) की संभावना प्रकट की गई है। अतः यह उदाहरण उत्प्रेक्षा अलंकार के अंतर्गत आएगा।

अतः विकल्प (D) सही है।

30. 'जे रहीम गति दीप की, कुल कपूत गति सोय।बारे उजियारो करै, बढ़े अंधेरो होय।' पंक्ति में श्लेष अलंकार है।

- उपर्युक्त उदाहरण में रहीम जी ने दोहे के द्वारा दीये एवं कुपुत्र के चरित्र को एक जैसा दर्शनि की कोशिश की है। रहीम जी कहते हैं कि शुरू में दोनों ही उजाला करते हैं लेकिन बढ़ने पर अन्धेरा हो जाता है।

- उपर्युक्त उदाहरण में बढे शब्द से दो विभिन्न अर्थ निकल रहे हैं। दीपक के सन्दर्भ में बढ़ने का मतलब है बुझ जाना जिससे अन्धेरा हो जाता है। कुपुत्र के सन्दर्भ में बढ़ने से मतलब है बड़ा हो जाना।

- बड़े होने पर कुपुत्र कुकर्म करता है जिससे परिवार में अँधेरा छा जात है। एक शब्द से ही दो विभिन्न अर्थ निकल रहे हैं अतः यह उदाहरण श्लेष अलंकार के अंतर्गत आएगा।

अतः विकल्प (D) सही है।

Q.1 निम्नलिखित विकल्पों में से कौन सा शब्द 'पर्वत' का पर्यायवाची नहीं है?
A. गिरि B. आद्रि C. तुंग D. धूसर

Q.2 'विद्युत' शब्द के लिए नीचे दिए विकल्पों में से पर्यायवाची शब्द छाँटिए-
A. यामिनी B. दामिनी C. चमक D. पयोद

Q.3 'अज' शब्द के लिए नीचे दिए विकल्पों में से पर्यायवाची शब्द छाँटिए -
A. प्रतिभा B. फूल C. वृक्ष D. ब्रह्मा

Q.4 निम्नलिखित विकल्पों में से कौन सा शब्द 'कमल' का पर्यायवाची नहीं है?
A. नीरज B. धनद C. सरोज D. पंकज

Q.5 नीचे दिए गए विकल्पों में से कौन सा शब्द 'पक्षी' का पर्यायवाची नहीं है?
A. विहग B. पखेरू C. मयूख D. द्विज

Q.6 'विपिन' शब्द के लिए उचित पर्यायवाची का चयन कीजिए-
A. वन B. असुर C. शिव D. अमृत

Q.7 नीचे दिए गए विकल्पों में से कौन सा शब्द 'अमृत' का पर्यायवाची नहीं है?
A. सुधा B. पीयूष C. अमिय D. वारि

Q.8 तनु का पर्यायवाची शब्द है:
A. शरीर B. झील C. चन्द्रमा D. खटिया

Q.9 पावक का पर्यायवाची शब्द है:
A. सुरभोग B. हुताशन C. निशिचर D. तम

Q.10 विनायक का पर्यायवाची शब्द है:
A. सुर B. आदित्य C. शत्रु D. गणेश

Q.11 अतुन का पर्यायवाची शब्द है:
A. ईश्वर B. कृष्ण C. कामदेव D. वसंत

Q.12 अरण्य का पर्यायवाची शब्द है:
A. पुष्प B. घोटक
C. वन D. इनमे से कोई नहीं

Q.13 वारिद का पर्यायवाची शब्द है:
A. कमल B. चन्द्रमा C. बिजली D. बादल

Q.14 नीचे दिए गए प्रश्नों में पर्यायवाची स्वरूप चार शब्द दिए गए हैं। इनमें से एक शब्द पर्याय नहीं है, उसका चयन कीजिए।
हाथी
A. द्विप B. कुम्भी C. तरणि D. वारण

Q.15 नीचे दिए गए प्रश्नों में पर्यायवाची स्वरूप चार शब्द दिए गए हैं। इनमें से एक शब्द पर्याय नहीं है, उसका चयन कीजिए।
कामदेव
A. मरीचि B. अनंग C. मनोज D. मन्मथ

Q.16 दिए गए शब्द का विकल्पों में से पर्यायवाची शब्द चुनिए।
खग
A. पक्षी B. पतंग C. विहाग D. मेघ

Q.17 दिए गए शब्द का विकल्पों में से पर्यायवाची शब्द चुनिए।
स्वर्ण
A. जातरुप B. विष्णु C. पयोद D. नीलनद

Q.18 'निशिचर' शब्द के लिए सही पर्यायवाची वाली पंक्ति को चुनिए।
A. दैत्य, बाजि, अभ्र, दानुज
B. दैत्य, हुताशन, कृशानु, दनूज
C. दैत्य, हुताशन, राक्षस, दनूज
D. दैत्य, तमीचर, राक्षस, दनुज

Q.19 दिये गए विकल्पों में से 'नलिन' का पर्यायवाची कौन सा नहीं है-
A. अरविन्द B. पंकज C. मनोज D. राजीव

Q.20 दिये गए विकल्पों में से 'नियति' का पर्यायवाची कौन सा नहीं है-
A. किस्मत B. होनी C. ग्रीवा D. भाग्य

Q.21 कौन सा शब्द सूरज का पर्यायवाची नहीं है-
A. दिनकर B. दिवाकर C. शार्दूल D. भास्कर

Q.22 कौन सा शब्द पेड़ का पर्यायवाची नही है:
A. तरु B. द्रुम C. भूसुर D. पादप

Q.23 कौन सा शब्द राजा का पर्यायवाची है-
A. सुंदरी B. भूपति C. मछली D. लक्ष्मी

Q.24 कौन सा शब्द केवट का पर्यायवाची है?
A. द्रग B. तोय C. मल्लाह D. नीरज

Q.25 इनमें से 'सर्प' किसका पर्यायवाची है?
A. उरग B. भगवान C. सरोवर D. बन्धन

Q.26 इनमें से 'दाँत' किसका पर्यायवाची है?
A. दाड़िम B. रद्द C. नग D. दशन

Q.27 इनमें से 'तालाब' किस का पर्यायवाची है?
A. तामरस B. पुष्कर C. थोड़ा D. थंभ

Q.28 'घूसर' शब्द का पर्यायवाची क्या है?
A. अश्व B. अजा C. मेघ D. गर्दभ

Q.29 कानन का पर्यायवाची शब्द क्या है?
[UPTET Social Studies, 2022], [UPTET Science and Maths, 2022]
A. वन B. पुष्प
C. विहिप D. उपर्युक्त में से कोई नहीं

Q.30 कौन सा विकल्प 'बाण' का पर्यायवाची नहीं है?
[UPTET Science and Maths, 2019], [UPTET Social Studies, 2019]
A. आशुग B. सारंग C. शिलीमुख D. विशिख

// स्मार्ट उत्तर पुस्तिका //

सही उत्तर उन छात्रों का प्रतिशत जिन्होंने प्रश्नों का सही उत्तर दिया था।　**छोड़ दिया** उन छात्रों का प्रतिशत जिन्होंने प्रश्नों को छोड़ दिया था।

प्रश्न संख्या	उत्तर	सही उत्तर / छोड़ दिया	प्रश्न संख्या	उत्तर	सही उत्तर / छोड़ दिया	प्रश्न संख्या	उत्तर	सही उत्तर / छोड़ दिया	प्रश्न संख्या	उत्तर	सही उत्तर / छोड़ दिया	प्रश्न संख्या	उत्तर	सही उत्तर / छोड़ दिया	प्रश्न संख्या	उत्तर	सही उत्तर / छोड़ दिया	प्रश्न संख्या	उत्तर	सही उत्तर / छोड़ दिया
1	D	45.53 % / 41.38 %	6	A	65.41 % / 30.32 %	11	C	68.39 % / 31.07 %	16	A	59.71 % / 34.25 %	21	C	44.23 % / 42.63 %	26	D	42.35 % / 51.37 %			
2	B	63.74 % / 33.09 %	7	D	49.89 % / 48.27 %	12	C	53.19 % / 34.96 %	17	A	48.19 % / 46.78 %	22	C	64.73 % / 32.91 %	27	B	51.62 % / 31.93 %			
3	D	52.94 % / 45.78 %	8	A	58.61 % / 35.0 %	13	D	53.6 % / 30.33 %	18	D	47.06 % / 47.32 %	23	B	61.41 % / 34.85 %	28	D	46.75 % / 52.33 %			
4	B	43.18 % / 48.26 %	9	B	62.53 % / 33.69 %	14	C	48.76 % / 34.04 %	19	C	41.45 % / 47.03 %	24	C	53.04 % / 41.55 %	29	A	57.93 % / 31.03 %			
5	C	56.61 % / 42.97 %	10	D	52.6 % / 40.52 %	15	A	57.91 % / 37.22 %	20	C	42.12 % / 54.41 %	25	A	53.03 % / 46.96 %	30	B	41.08 % / 43.7 %			

//संकेत और समाधान//

1. 'पर्वत' का पर्यायवाची धूसर नहीं है।

पर्वत के पर्यायवाची पहाड़, गिरि, अचल, भूमिधर, तुंग आद्रि, शैल, धरणीधर, धराधर, नग, भूधर, महीधर हैं।

अतः विकल्प (D) सही है।

2. विद्युत' दामिनी का पर्यायवाची शब्द है।

विद्युत के पर्यायवाची बिजली, तड़ित, चंचला, चपला, अशनि, इन्द्रवज्र, करका, क्षणप्रभा, क्षणिका, गाज, दामिनी, वज्र, शंपा, सौदामिनी, बीजुरी, कौंधा, घनप्रिया हैं।

अतः विकल्प (B) सही है।

3. 'अज' शब्द का पर्यायवाची ब्रह्मा है।

अज के पर्यायवाची ब्रह्मा, आत्मभू प्रजापति, प्रजाधिप, चतुरानन, लोकेश, विरंच, विरंचि, सृष्टिकर्ता, स्रष्टा, स्वयंभू जगद्योनि, धाता, पितामह, बिधना, विधाता, विधि, चतुर्मुख, परमेष्ठी, हंसवाहन, हिरण्यगर्भ, अब्जयोनि हैं।

अतः विकल्प (D) सही है।

4. 'कमल' का पर्यायवाची धनद है।

कमल के पर्यायवाची सरोज, जलज, अब्ज, पंकज, अरविंद, पद्म, शतदल, अंबुज, सरसिज, सारंग, राजीव, वारिज, पुंडरिक, मृणाल, तामरस, नीरज हैं।

अतः विकल्प (B) सही है।

5. 'पक्षी' का पर्यायवाची मयूख है।

पक्षी के पर्यायवाची खेचर, दविज, पतंग, पंछी, खग, विहग, परिन्दा, शकुन्त, अण्डज, चिडिया, गगनचर, पखेरू, विहग, नभचर, द्विज हैं।

अतः विकल्प (C) सही है।

6. 'विपिन' शब्द के लिए उचित पर्यायवाची वन है।

विपिन के पर्यायवाची जंगल, कानन, वन, अरण्य, गहन, कांतार, बीहड़, विटप हैं।

अतः विकल्प (A) सही है।

7. 'अमृत' का पर्यायवाची वारि है।

अमृत के पर्यायवाची सुरभोग सुधा, सोम, पीयूष, अमिय, जीवनोदक हैं।

अतः विकल्प (D) सही है।

8. तनु का पर्यायवाची शब्द शरीर है।

तनु के पर्यायवाची शब्द दुबला, पतला, अल्प, थोड़ा, कम, देह, शरीर, तन आदि हैं।

झील का पर्यायवाची शब्द सरोवर है।

चन्द्रमा का पर्यायवाची शब्द चन्द्र है।

खटिया का पर्यायवाची शब्द छोटी चारपाई है।

अतः विकल्प (A) सही है।

9. पावक का पर्यायवाची शब्द हुताशन है।

पावक के पर्यायवाची शब्द अग्नि, अनल, कृशानु, आग, दव, हुताशन, वैश्वानर आदि हैं।

सुरभोग का पर्यायवाची शब्द अमृत है।

निशिचर का पर्यायवाची शब्द असुर है।

तम का पर्यायवाची शब्द अंधकार है।

अतः विकल्प (B) सही है।

10. विनायक का पर्यायवाची शब्द गणेश है।

विनायक के पर्यायवाची शब्द गणेश, गजानन, गौरीनंदन, मूषकवाहन आदि हैं।

सुर का पर्यायवाची शब्द देव है।

आदित्य का पर्यायवाची शब्द वसु है।

शत्रु का पर्यायवाची शब्द अमित्र है।

अतः विकल्प (D) सही है।

11. अतुन का पर्यायवाची शब्द कामदेव है।

ईश्वर का पर्यायवाची शब्द भगवान है।

कृष्ण का पर्यायवाची शब्द वासुदेव है।

वसंत का पर्यायवाची शब्द ऋतुराज है।

अतः विकल्प (C) सही है।

12. अरण्य के पर्यायवाची शब्द जंगल, वन, अटवी, कान्तार आदि हैं।

पुष्प का पर्यायवाची शब्द फूल है।

घोटक का पर्यायवाची शब्द तुरंग है।

अतः विकल्प (C) सही है।

13. वारिद के पर्यायवाची शब्द घन, मेघ, जलधर, बादल, नीरद आदि हैं।

कमल का पर्यायवाची शब्द सरोज है।

चन्द्रमा का पर्यायवाची शब्द चन्द्र है।

बिजली का पर्यायवाची शब्द चपला है।

अतः विकल्प (D) सही है।

14. तरणि शब्द हाथी का पर्यायवाची नहीं है।

हाथी के पर्यायवाची हैं- गज, हस्ती, मतंग, कुम्भी, मदकल, गजेन्द्र, कुंजर, द्विप, वारण, करीश आदि।

अतः विकल्प (C) सही है।

15. कामदेव के पर्यायवाची शब्द मदन, मनोज, अनंग, आत्मभू कंदर्प, दर्पक, पंचशर, मनसिज, काम, रतिपति, पुष्पधन्वा, मन्मथ आदि हैं।

जबकि मरीचि के पर्यायवाची किरण, ज्योति, प्रभा, रश्मि आदि हैं।
अतः विकल्प (A) सही है।

16. खग का पर्यायवाची शब्द पक्षी है।

चिड़िया, गगनचर, पखेरू, विहंग, नभचर, पक्षी आदि खग के पर्यायवाची हैं।

अतः विकल्प (A) सही है।

17. स्वर्ण के पर्यायवाची शब्द सुवर्ण, कंचन, हेन, हारक, जातरूप, सोना, तामरस, हिरण्य इत्यादि है।

अतः विकल्प (A) सही है।

18. 'निशिचर' का पर्यायवाची- दैत्य, तमीचर, राक्षस, दनुज। पर्यायवाची- एक ही शब्द के एक से ज्यादा अर्थ निकले उसे पर्यायवाची शब्द कहते है. अर्थात किसी शब्द-विशेष के लिए प्रयुक्त समानार्थक शब्दों को पर्यायवाची शब्द कहते हैं। पर्यायवाची शब्द समानार्थक शब्द भी होते है ,परंतु भाव में एक-दूसरे से बिलकुल भिन्न होते हैं। जैसे:- उजाला – प्रकाश,खून – रक्त।

अतः विकल्प (D) सही है।

19. 'नलिन' का पर्यायवाची 'मनोज' नहीं है। 'मनोज' का पर्यायवाची- कामदेव, मदन, अनंग, मनसिज आदि। अन्य विकल्प 'नलिन' के पर्यायवाची हैं। पर्यायवाची- एक ही शब्द के एक से ज्यादा अर्थ निकले उसे पर्यायवाची शब्द कहते है. अर्थात किसी शब्द-विशेष के लिए प्रयुक्त समानार्थक शब्दों को पर्यायवाची शब्द कहते हैं। पर्यायवाची शब्द समानार्थक शब्द भी होते है ,परंतु भाव में एक-दूसरे से बिलकुल भिन्न होते हैं। जैसे :- उजाला – प्रकाश,खून – रक्त

अतः विकल्प (C) सही है।

20. 'नियति' का पर्यायवाची 'ग्रीवा' नहीं है। 'ग्रीवा' का पर्यायवाची- कंठ, गला, गर्दन, आदि। पर्यायवाची: एक ही शब्द के एक से ज्यादा अर्थ निकले उसे पर्यायवाची शब्द कहते है. अर्थात किसी शब्द-विशेष के लिए प्रयुक्त समानार्थक शब्दों को पर्यायवाची शब्द कहते हैं। पर्यायवाची शब्द समानार्थक शब्द भी होते है ,परंतु भाव में एक-दूसरे से बिलकुल भिन्न होते हैं। जैसे :- उजाला – प्रकाश,खून – रक्त

अतः विकल्प (C) सही है।

21. सूरज के पर्यायवाची: रवि, दिनकर, प्रभाकर, भास्कर, दिवाकर, सविता, भानु, दिनेश। शार्दूल शब्द सिंह का पर्यायवाची है|

अतः विकल्प (C) सही है।

22. भूसुर पेड़ का पर्यायवाची नही है।

भूसुर शब्द ब्राह्मण का पर्यायवाची है, जिसका अर्थ धरती का देवता होता है। पेड़ का पर्यायवाची शब्द है -तरु, द्रुम, वृक्ष, पादप, रुक्ष।

अतः विकल्प (C) सही है।

23. भूपति राजा का पर्यायवाची है।

राजा का पर्यायवाची शब्द है - नृपति, भूपति, नरपति, नृप, महीप, राव, सम्राट, भूप, भूपाल, नरेश, महीपति, अवनीपति।

अतः विकल्प (B) सही है।

24. मल्लाह शब्द केवट का पर्यायवाची है | इसके अन्य पर्यायवाची शब्द मल्लाह, माँझी, खेवैया, नाविक आदि है।
अतः विकल्प (C) सही है।

25. उपरोक्त विकल्पों में 'सर्प' का पर्यायवाची शब्द उरग है। अतः विकल्प उरग इसका सही उत्तर है। अन्य विकल्प असंगत हैं।अतः स्पष्ट है कि उरग सटीक विकल्प हैं।

इसके विपरीत भगवान, ईश्वर का पर्यायवाची है।

सरोवर -तालाब का पर्यायवाची है।

सर्प के पर्यायवाची शब्द: साँप, नाग, उरग, विषधर, भुजंग, अहि, व्याल, फणी, पन्नग, चक्षुश्रवा।

अतः विकल्प (A) सही है।

26. उपरोक्त विकल्पों में 'दाँत' का पर्यायवाची शब्द दशन है।अन्य विकल्प असंगत हैं। अतः स्पष्ट है कि दशन सटीक विकल्प हैं।

दाँत का पर्यायवाची शब्द है - दशन, रदन, रद, द्विज, दन्त, मुखखुर।

अतः विकल्प (D) सही है।

27. इनमें से तालाब का पर्यायवाची 'पुष्कर' है। अतः विकल्प पुष्कर इसका सही उत्तर है। अन्य विकल्प इसके गलत उत्तर होंगे।

तालाब का पर्यायवाची शब्द है - सरोवर, जलाशय, सर, पुष्कर, हद, पद्याकर , पोखरा, जलवान, सरसी, तड़ाग।

अतः विकल्प (B) सही है।

28. 'घूसर' शब्द का पर्यायवाची 'गर्दभ' है। 'घूसर' के अन्य पर्यायवाची 'खर, धूसर, शीतलावाहन, चक्रीवान, गधा' आदि हैं।

- मेघ: बादल, जलधर, पयोद, पयोधर, घन
- अश्व: हय, घोटक, सैंधव, तुरंग, रवि, पुत्र, बाजि, घोड़ा, तुरंगम, वाह
- अजा: छेरी, बकरी, छागी।

अतः विकल्प (D) सही है।

29. कानन का पर्यायवाची 'वन' है। 'कानन' के अन्य पर्यायवाची 'अरण्य, जंगल, कान्तार, विपिन' हैं।

पुष्प के पर्यायवाची शब्द हैं 'फूल, सुमन, कुसुम, मंजरी'।

विहिप का कोई पर्यायवाची शब्द नहीं है (यह विश्व हिन्दू परिषद का संक्षेपण है)।

अतः विकल्प (A) सही है।

30. ''बाण' का पर्यायवाची 'सारंग' नहीं है। शेष विकल्प 'आशुग, शिलीमुख, विशिख' बाण के पर्यायवाची शब्द हैं।

अतः विकल्प (B) सही है।

Q.1 निम्नलिखित में से आसार शब्द _________ है।

A. तत्सम   B. विदेशज   C. तन्द्रव   D. देशज

Q.2 'अलमारी' कौन सी भाषा का शब्द है?

[UPSSSC Junior Assistant, 2019]

A. फारसी   B. अरबी   C. पुर्तगाली   D. संस्कृत

Q.3 'स्टेशन' किस भाषा का शब्द है?

A. फ्रेंच   B. डच   C. अंग्रेजी   D. चीनी

Q.4 इनमें _________ देशज शब्द है।

A. झोपड़ी   B. अफ़ीम   C. पानी   D. तमाशा

Q.5 निम्नलिखित में से कौन सा शब्द विदेशज भाषा का शब्द है?

A. अन्न-जल   B. भोजन-सामग्री
C. खाद्य पदार्थ   D. वकील

Q.6 निम्नलिखित में से कौन-सा शब्द देशज है?

A. रेल   B. पगड़ी   C. बारुद   D. ऑफिस

Q.7 निम्नलिखित शब्दों में कौन सा शब्द देशज है?

A. चपटा   B. कुर्सी   C. किताब   D. इस्तीफ़ा

Q.8 निम्नलिखित में कौन सा शब्द देशज है?

A. आदत   B. उम्मीद   C. कलाई   D. क्लास

Q.9 निम्नलिखित में से सही युग्म चुनिए।

A. गलीचा - पुर्तगाली   B. आमदनी - फ़ारसी
C. अंग्रेज - फ्रेंच   D. पादरी - तुर्की

Q.10 निम्नलिखित में से संकर शब्द कौन सा नहीं है?

A. अन्त्रास   B. रेलयात्री   C. जांचकर्ता   D. बमवर्षा

Q.11 निम्नलिखित में से कौन सा विदेशी शब्द नहीं है?

A. कुर्सी   B. खून   C. ताला   D. शेर

Q.12 अनुकरण रहित देशज शब्द कौन सा है?

A. बाजरा   B. कप   C. कारतूस   D. बेसिन

Q.13 'गमला' और 'आलपीन' किस भाषा के शब्द हैं?

A. फ्रेंच   B. अंग्रेजी   C. पुर्तगाली   D. जापानी

Q.14 निम्न में देशज शब्द कौन सा है?

A. तारीख   B. डिबिया   C. सूरज   D. जनम

Q.15 निम्न में देशज शब्द कौन सा है?

A. बाजरा   B. कप   C. कारतूस   D. बेसिन

Q.16 कौन सा शब्द विदेशी है?

A. डाब   B. कपास   C. हलवाई   D. चपटा

Q.17 'कसरत' किस प्रकार का शब्द है?

A. देशज   B. विदेशज   C. यौगिक   D. रूढ़

Q.18 'डकार' किस प्रकार का शब्द है?

A. देशज   B. विदेशज   C. तत्सम   D. तन्द्रव

Q.19 'किताब' किस भाषा का शब्द है?

A. अरबी   B. फ़ारसी   C. अंग्रेजी   D. हिन्दी

Q.20 निम्नलिखित में से कौन-सा शब्द विदेशज है?

A. डॉक्टर   B. घेवर   C. गड़बड़   D. कलाई

Q.21 निम्नलिखित में से कौन-सा शब्द देशज है?

A. झंडा   B. कमिश्नर   C. इयरिंग   D. डिग्री

Q.22 निम्नलिखित में से कौन-सा शब्द देशज है?

A. लीची   B. थुलमा   C. टोटी   D. एटलस

Q.23 निम्नलिखित विकल्पों में कौन सा शब्द देशज है?

A. आलपीन   B. ज़िन्दगी   C. डोंगा   D. तम्बाकू

Q.24 निम्नलिखित में से कौन-सा शब्द विदेशज है?

A. झुग्गी   B. खट-खटाना
C. डिबिया   D. जेल

Q.25 निम्नलिखित में से कौन-सा शब्द विदेशज है?

A. खिड़की   B. कंपनी   C. पगड़ी   D. कटोरा

Q.26 निम्नलिखित में से कौन-सा शब्द विदेशज है?

A. खिचड़ी   B. डिबिया
C. थर्मामीटर   D. इनमें से कोई नहीं

Q.27 हिन्दी में प्रयुक्त 'तुरुप' शब्द _______ है।

A. अंग्रेजी   B. डच   C. रूसी   D. फ्रेंच

Q.28 'स्टेशन' उत्पत्ति की दृष्टि से कौन सा शब्द है?

A. तत्सम   B. तन्द्रव   C. देशज   D. विदेशज

Q.29 निम्न में से कौन सा शब्द फारसी है?

A. चेहरा   B. इनाम   C. कदम   D. किला

Q.30 'अफसोस' किस भाषा का शब्द है:

A. हिंदी   B. फारसी   C. अरबी   D. उर्दु

// स्मार्ट उत्तर पुस्तिका //

सही उत्तर — उन छात्रों का प्रतिशत जिन्होंने प्रश्नों का सही उत्तर दिया था।　**छोड़ दिया** — उन छात्रों का प्रतिशत जिन्होंने प्रश्नों को छोड़ दिया था।

प्रश्न संख्या	उत्तर	सही उत्तर / छोड़ दिया	प्रश्न संख्या	उत्तर	सही उत्तर / छोड़ दिया	प्रश्न संख्या	उत्तर	सही उत्तर / छोड़ दिया	प्रश्न संख्या	उत्तर	सही उत्तर / छोड़ दिया	प्रश्न संख्या	उत्तर	सही उत्तर / छोड़ दिया	प्रश्न संख्या	उत्तर	सही उत्तर / छोड़ दिया	प्रश्न संख्या	उत्तर	सही उत्तर / छोड़ दिया
1	B	62.51 % / 36.62 %	6	B	50.76 % / 34.78 %	11	C	63.04 % / 35.05 %	16	C	59.19 % / 30.47 %	21	A	53.4 % / 39.0 %	26	D	49.01 % / 38.77 %
2	C	67.68 % / 30.0 %	7	A	47.54 % / 38.23 %	12	A	47.36 % / 34.79 %	17	B	46.24 % / 47.19 %	22	C	50.89 % / 37.87 %	27	B	42.02 % / 33.93 %
3	C	64.03 % / 35.69 %	8	C	43.17 % / 40.0 %	13	C	56.82 % / 33.53 %	18	A	62.28 % / 36.71 %	23	C	43.64 % / 34.49 %	28	D	61.56 % / 37.99 %
4	A	42.1 % / 31.75 %	9	B	65.19 % / 30.12 %	14	B	65.91 % / 32.72 %	19	A	64.32 % / 32.29 %	24	D	58.58 % / 34.96 %	29	A	68.53 % / 31.45 %
5	D	50.34 % / 32.21 %	10	A	56.53 % / 36.41 %	15	A	50.4 % / 30.57 %	20	A	52.52 % / 47.43 %	25	B	45.55 % / 35.22 %	30	B	44.23 % / 48.13 %

//संकेत और समाधान//

1. 'आसार' शब्द विदेशज शब्द है, अन्य सभी विकल्प असंगत हैं।

विदेशज: विदेशी भाषाओं से हिंदी में आये शब्दों को विदेशी शब्द कहा जाता है। इन विदेशी भाषाओं में मुख्यतः अरबी, फारसी, तुर्की, अंग्रेजी व पुर्तगाली शामिल है। जैसे- अदा, अजब, अजीब, अमीर आदि।

अतः विकल्प (B) सही है।

2. 'अलमारी' पुर्तगाली भाषा का शब्द है। 'अलमारी' के पर्यायवाची शब्द हैं - शेल्फ़, आला, निधानी आदि।

अत: विकल्प (C) सही है।

3. 'स्टेशन' अंग्रेजी भाषा का शब्द है।

अंग्रेजी भाषा से लिए गये कई शब्द जो हिंदी भाषा में प्रायः प्रयोग किये जाते है जैसे स्टेशन, स्कूल, कप आदि है।

अतः विकल्प (C) सही है।

4. झोपड़ी देशज शब्द है।

झोपड़ी शब्द की उत्पत्ति हिंदी से ही हुई है।

झोपड़ी का अर्थ है - कुटिया

अतः विकल्प (A) सही है।

5. 'वकील' विदेशज शब्द है।

'वकील' शब्द अरबी भाषा का शब्द है। जिसका अर्थ होता है प्रतिनिधि या पैरवी करने वाला। वकील शब्द अरबी भाषा का होने के कारण यह विदेशज शब्द है। अन्य देश की भाषा से आए हुए शब्द जो हिंदी भाषा में सम्मिलित हुए उन्हें विदेशज शब्द कहते हैं। इन विदेशी भाषाओं में मुख्यतः अरबी, फारसी, तुर्की, उर्दू, अंग्रेजी व पुर्तगाली शामिल हैं।

अतः विकल्प (D) सही है।

6. उपर्युक्त विकल्पों में से 'पगड़ी' एक देशज शब्द है। अन्य विकल्पों के शब्द विदेशज हैं।

इन शब्दों को आवश्यकता अनुसार उपयोग किया जाता है और ये बाद में प्रचलन में आकर हमारी भाषा का हिस्सा बन जाते हैं। उदाहरण - पगड़ी, उटपटांग, काका, खटपट।

अतः विकल्प (B) सही है।

7. 'चपटा' देशज शब्द है। अतिरिक्त शब्द 'कुर्सी', 'किताब', ' लिफाफा' और 'इस्तीफ़ा' विदेशी भाषा के शब्द हैं जो अरबी भाषा से आये हैं।

अत: विकल्प (A) सही है।

8. 'कलाई' देशज शब्द है, अन्य सभी विकल्प गलत उत्तर है।

कलाई शब्द की उत्पत्ति हिंदी से ही हुई है, अत: यह देशज शब्द है। कलाई का अर्थ है: हथेली और कोहनी के बीच का वह भाग जहाँ कड़े, चूड़ियाँ आदि पहनी जाती हैं।

अतः विकल्प (C) सही है।

9. 'आमदनी', 'फ़ारसी' भाषा का शब्द है। अन्य भाषा का शब्द होने के कारण 'आमदनी' एक विदेशज शब्द कहलायेगा।

फारसी भाषा के अन्य शब्द: आराम, अफसोस, किनारा, गिरफ्तार, नमक, दुकान, हफ्ता, जवान, दारोगा, आवारा, काश, बहादुर, जहर, मुफ्त, जल्दी आदि।

अतः विकल्प (B) सही है।

10. संकर शब्द: वे शब्द जो दो भाषाओं के शब्दों को मिलाकर बना लिए गए हो उन्हें संकर शब्द कहते है।

अन्य सभी शब्द दो शब्दों से मिलकर बने है। लेकिन अनन्त्रास दो शब्दों के मेल से नहीं बना है, इसलिए, यह संकर शब्द नहीं है।

अतः विकल्प (A) सही है।

11. ताला विदेशी शब्द नहीं है।

वे शब्द जो स्थानीय भाषा के शब्द होते है, ये देश की विभिन्न बोलियों से लिए जाते है, अर्थात् तत्सम शब्द को छोड़ कर, देश की विभिन्न बोलियों से आये शब्द देशज शब्द है। इन्हें आवश्यकता अनुसार प्रयोग किया जाता है और ये बाद में प्रचलन में आकर हमारी भाषा का हिस्सा बन जाते हैं। सरसों, भिन्डी और जगमग ये कुछ देशज शब्द के उदाहरण हैं।

अतः विकल्प (C) सही है।

12. 'बाजरा' अनुकरण रहित देशज शब्द है। अन्य सभी विकल्प विदेशज शब्द हैं।

अनुकरण रहित देशज शब्द वे शब्द जिनके निर्माण की प्रक्रिया का पता नहीं होता है, उन्हें अनुकरण रहित देशज शब्द कहते हैं। जैसे – कपास, कौड़ी, बाजरा, अँगोछा, जूता, लोटा, ठर्रा, ठेस, घेवर, झण्डा, मुक्का, लकड़ी, लुग्दी।

अत: विकल्प (A) सही है।

13. 'गमला' और 'आलपीन' पुर्तगाली भाषा के शब्द है। 'गमला' का अर्थ - मिट्टी का बना बाल्टी जैसा पात्र जिसमें फूल-पौधे लगाए जाते हैं। 'आलपिन' का अर्थ - कागज़ आदि को नत्थी करने के लिए घुंडीदार सुई, पिन।

अत: विकल्प (C) सही है।

14. दिए गए विकल्पों में 'डिबिया' शब्द देशज है। डिबिया का अर्थ है - छोटा डिब्बा। अतिरिक्त विकल्पों के प्रकार भिन्न हैं।

देशज शब्द: ऐसे शब्द जो देश की अन्य या क्षेत्रीय भाषा से हिंदी में सम्मिलित हुए।

जैसे – थैला, लोटा, टाँग, पगड़ी आदि।

अत: विकल्प (B) सही है।

15. 'बाजरा' देशज शब्द है। अन्य सभी विकल्प विदेशज शब्द हैं। ये सभी फ्रेंच शब्द हैं।

देशज शब्द: ऐसे शब्द जो देश की अन्य या क्षेत्रीय भाषा से हिंदी में सम्मिलित हुए।

विदेशी भाषाओं से हिंदी में आये शब्दों को विदेशी शब्द कहा जाता है। इन विदेशी भाषाओं में मुख्यतः अरबी, फारसी, तुर्की, अंग्रेजी व पुर्तगाली शामिल है।

अत: विकल्प (A) सही है।

16. 'हलवाई' शब्द अरबी भाषा का शब्द है। यह हलवा शब्द से बना है। शेष सभी देशज शब्द हैं।

अत: विकल्प (C) सही है।

17. 'कसरत' विदेशी शब्द है। यह अरबी शब्द है।

ऐसे शब्द जो विदेशों से लिए गए है और इन शब्दों का प्रयोग हिन्दी भाषा में बहुतायत से किया जाता है, विदेशज शब्द कहलाते है। विदेशी शब्द अरबी, फारसी, तुर्की, अंग्रेजी इत्यादि भाषाओं से लिए गए है। जैसे-डॉक्टर, चश्मा, फकीर, बारूद।

अत: विकल्प (B) सही है।

18. 'डकार' एक देशज शब्द है।

ऐसे शब्द जो साधारण बोल-चाल की भाषा में विभिन्न बोलियों के रूप में हिन्दी में प्रयोग किए जाते हैं, देशज शब्द कहलाते हैं। जैसे - बाबा, लाला, लोटा आदि।

अत: विकल्प (A) सही है।

19. 'किताब' किस अरबी भाषा का शब्द है। अन्य विकल्प असंगत है। इसलिए, सही उत्तर अरबी भाषा है।

अत: विकल्प (A) सही है।

20. उपर्युक्त विकल्पों में से 'डॉक्टर' एक विदेशज शब्द हैं। अन्य विकल्पों के शब्द देशज हैं।

अन्य विकल्प:

देशज	अर्थ
घेवर	राजस्थान की सुप्रसिद्ध मैदे की बनी हुई एक प्रकार की मिठाई जिसमें घी बहुत अधिक पड़ताया लगता है।
गड़बड़	गोलमाल, ख़राबी, अव्यवस्था।
कलाई	हथेली और बाँह के बीच का जोड़ जिसे कलाई कहा जाता है।

अत: विकल्प (A) सही है।

21. उपर्युक्त विकल्पों में से 'झंडा' एक देशज शब्द है। अन्य विकल्पों के शब्द विदेशज हैं। इसलिए, सही विकल्प 'झंडा' है।

अत: विकल्प (A) सही है।

22. उपर्युक्त विकल्पों में से 'टोटी' एक देशज शब्द है। जिसका अर्थ होता है नल की टोटी, अन्य विकल्पों के शब्द विदेशज हैं।

अन्य विकल्प:

विदेशज	अर्थ
थुलमा (तिब्बती)	पहाड़ी कंबल जिसमें ऊपर से बाल जमाए जाते हैं।
लीची (चीनी)	एक प्रकार का फल
एटलस(यूनानी)	नक्शा

अत: विकल्प (C) सही है।

23. 'डोंगा' एक देशज शब्द है। इस प्रकार सही विकल्प 'डोंगा' है।

देशज शब्द: वे शब्द जो प्रायः क्षेत्रीय भाषा में प्रयोग किये जाते हैं और उनकी उत्पत्ति का पता नहीं होता है। उपभाषाओं के शब्द भी इसमें सम्मिलित होते हैं।

विदेशज शब्द: विदेशी भाषाओं से हिंदी में आये हुए शब्द विदेशज या विदेशी शब्द कहलाते हैं।

अत: विकल्प (C) सही है।

24. उपर्युक्त में से 'जेल' अंग्रेजी भाषा का शब्द है। अन्य विकल्प देशज शब्द हैं। सही विकल्प 'जेल' है।

अन्य विकल्प:

देशज	अर्थ
झुग्गी	ग़रीब की झोपड़ी।
खट-खटाना	किसी वस्तु या दरवाजे पर हाथ से मारने पर जो ध्वनि आती है।
डिबिया	किसी छोटी वस्तु के रखने की जगह, छोटा डिब्बा।

अत: विकल्प (D) सही है।

25. उपर्युक्त विकल्प में से 'कंपनी' एक विदेशज शब्द हैं। अतः सही विकल्प 'कंपनी' है।

अन्य विकल्प:

देशज	अर्थ
खिड़की	रोशनदान
पगड़ी	मस्तक पर धारण करने वाला साफा
कटोरा	एक प्रकार का पात्र

अत: विकल्प (B) सही है।

26. उपर्युक्त विकल्पों में से 'थर्मामीटर' एक विदेशज शब्द हैं। इसलिए, सही विकल्प ''थर्मामीटर'' है।

अत: विकल्प (D) सही है।

27. दिए गए विकल्पों में से तुरुप शब्द डच भाषा का है। अन्य विकल्प असंगत है।

अन्य विकल्प:

विदेशी भाषा	हिंदी में इस्तेमाल शब्द
अंग्रेजी	टायर, कलेक्टर, टमटम, पुलिस स्टेशन, ट्रक इत्यादि
रूसी	रूबल, जार, वोदका, स्पुतनिक
फ्रेंच	काजू, कारतूस, मेयर, कूपन, अंग्रेज, मीनू, सूप

अत: विकल्प (B) सही है।

28. 'स्टेशन' शब्द अंग्रेज़ी भाषा का शब्द है। अतः सही विकल्प विदेशज है।

अन्य विकल्प:

शब्द	परिभाषा	उदाहरण
तत्सम	ऐसे शब्द जो संस्कृत से ज्यों के त्यों लिए गए, तत्सम होते हैं।	कूप, उष्ट्र, पंचम आदि
तद्भव	संस्कृत से हिंदी में आने पर जिन शब्दों का रूप बदल गया हो, तद्भव कहलाते हैं।	आग, काम, पाँच आदि
देशज शब्द	ऐसे शब्द जो देश की अन्य या क्षेत्रीय भाषा से हिंदी में सम्मिलित हुए हैं।	थैला, लोटा आदि।

अत: विकल्प (D) सही है।

29. दिए गए विकल्पों में से चेहरा फारसी शब्द है। अन्य विकल्प अरबी का है। इसलिए, सही विकल्प चेहरा है।

अत: विकल्प (A) सही है।

30. 'अफसोस' फारसी भाषा का शब्द है, अन्य विकल्प असंगत है।

उत्पत्ति की दृष्टि से 4 प्रकार के शब्द-भेद होते हैं:

- तत्सम शब्द
- तदभव शब्द
- देशज शब्द
- विदेशी शब्द

अत: विकल्प (B) सही है।

|| टिप्पणियाँ ||

// टिप्पणियाँ //